EE K
ENTERPRISE

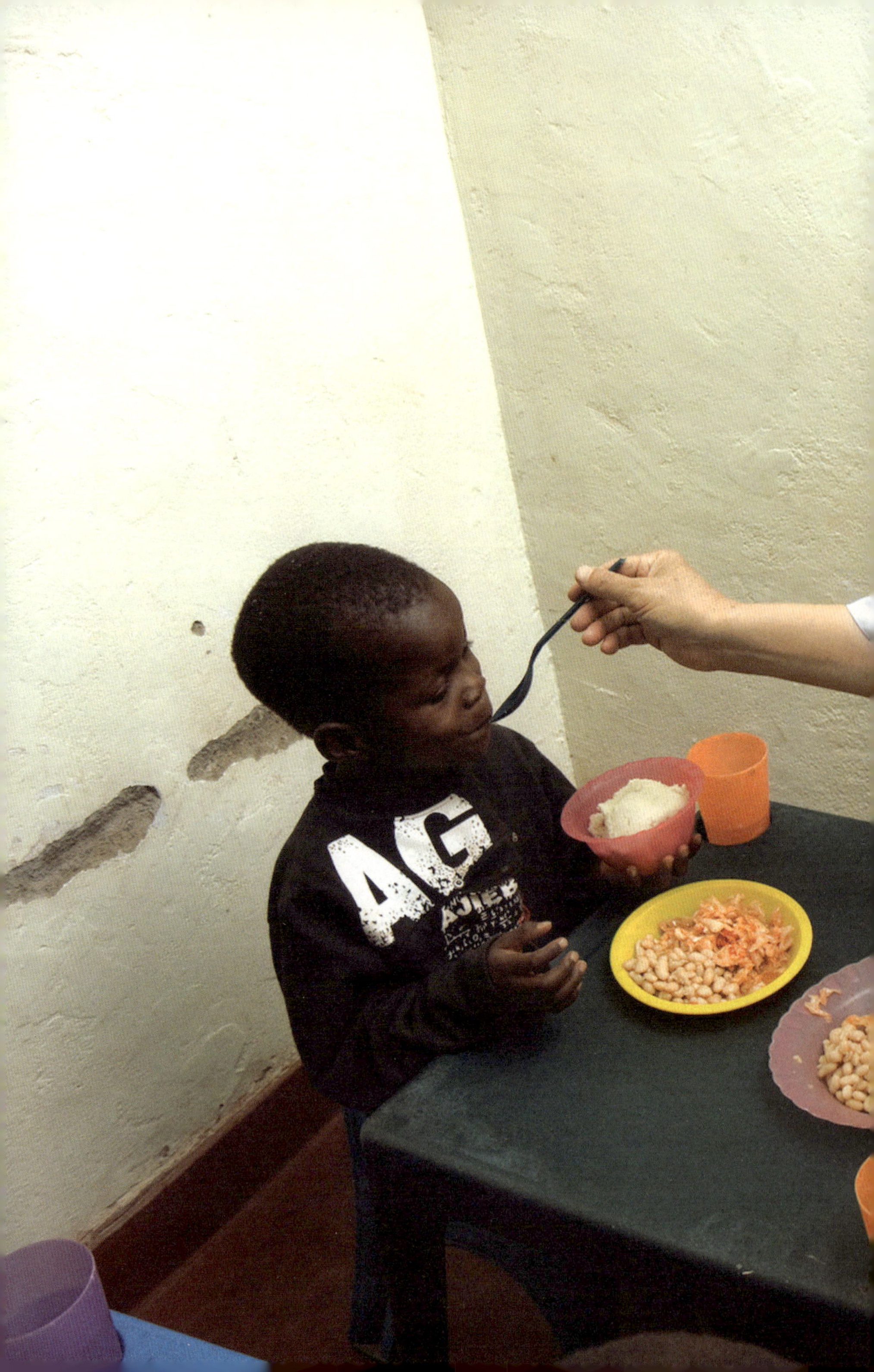
AG

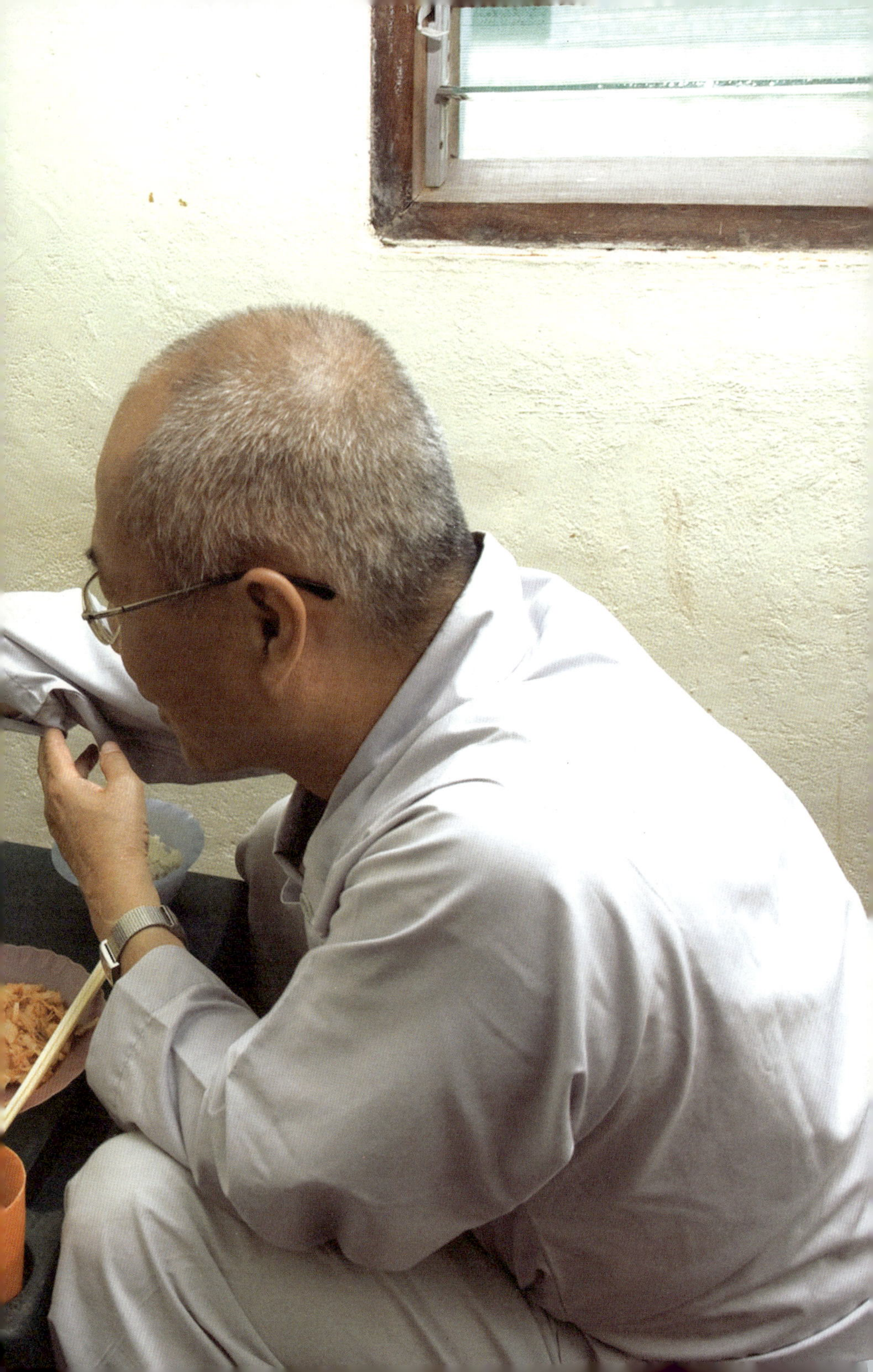

PUSAT RAWATAN GALAXY
RENT / SALE
016
221 5462

佛教 經典
佛教 藝文
佛教 人間佛教
淨土五經
南傳大藏經
大藏經

行脚非洲的和尚爸爸

张融琳／著

人民东方出版传媒
東方出版社

原本以为是一本严肃的弘法纪录，没想到却是一本这么有趣的书。作者以质朴的文字传达一个佛心与童心并存的法师对非洲这个“黑暗大陆”直觉的观察与叙述，让人觉得就像听一个有趣的朋友的旅行故事。也让我知道，原来和尚竟也如此入世。

——台湾电影导演、作家　吴念真

这是一位非常伟大的法师，能在非洲弘法利生二十多年，并且取得了很好的效果，不仅是佛门的荣幸，也是中华民族的荣幸，实在是了不起。相信通过本书，能让大陆更多的信众了解这位法师以及他伟大的事业，也希望有缘大众能共同关注和支持非洲的弘法大业。让我们共同祈愿正法久住，祈愿佛法在非洲大地永放光芒。

——少林寺住持　释永信

人生能够选择的事情并不多，每一次的选择都会影响人生的方向和结果。能做出和众人不同选择的人，必然是一个清醒、勇敢、慈悲的人。

——台湾作家　小野

目录

推荐序 / 001

缘起 / 005

◎对于长期生活在台湾的我们来说，对“非洲”的概念和印象，大部分来自电视传播媒体中世界展望会的广告画面，那个充满战乱、饥饿，世纪黑死病充斥的一个“黑暗大陆”，只能远观，却无法亲觑的遥远土地。

◎台湾有个和尚，在正值台湾佛教蓬勃发展的时候，选择孤独前往非洲，一去，如他自己说的“苏武牧羊”，至今十九年。怀着一份回馈和“点亮‘黑暗大陆’”的梦想，他用“五世埋骨非洲”

的决心，在非洲盖孤儿院、学校。十九年的岁月，孤独、辛苦、疟疾、被误解、车祸……矢志不移……

◎这不是一个英雄的故事，也不是佛的故事，这只是一个人的故事，一个把梦想付诸实践的故事。

第一篇 **非洲经验** / 001

◎五十三个国家的非洲大地，生命百态，每一个国家都有许多故事，都有等待救援的生命和等待升华的灵魂。一个国家接着一个国家行脚，与一群又一群生命交流互动之后，他和非洲这块土地深刻联结，难以割舍……

第二篇 **青少年时期的慧礼法师** / 023

◎他是家中的长子，在屏东农村父亲的心中，是个勤勉负责的孩子。父亲对他期望甚高，觉得自己这一生有了依靠，没想到后来他竟然当了出家人。父亲始终不谅解，一直到十二年之后，才接受了事实。

◎靠近屏东山区的来义乡，大自然奔放和俭朴的生活，有些叛逆性格的慧礼法师——俗名蔡荣富，几次夜宿坟墓边的经验，引发他对生命意义的思考，在心中埋下了出家的种子。

◎当兵退伍之后，在就读佛学院的姐姐影响之下，上山出家。

第三篇 **寺院丛林的生活 / 029**

◎四十年前的佛光山，是披荆斩棘的草创时期。出家后的慧礼法师，没有机会和一般佛学院学僧一起在课堂听课，而是每天开着挖土机和卡车，来回山上山下，填土挖地基、清垃圾。短暂而珍贵的一年韩国留学，是他僧伽生活中难得的悠闲时光。那一年，让他对韩国传统寺院的建筑和文化有了认识，成为现代僧伽中，深谙寺院建筑的难得人才。

◎赶工的时候，日夜不休。夜里累了，躺在大雄宝殿屋顶就着月光和星光睡觉，心中空荡无我。从佛光山到美国西来寺、非洲南华寺，三大洲的辉煌寺院，都有他的汗水和泪水。

第四篇 **前往非洲 / 039**

◎一九九二年，南非布朗贺斯特市捐赠土地六公顷给佛光山，希望佛光山派人前往建盖寺院，弘扬佛法。星云大师集合徒众问：谁愿意去非洲弘法？在场一千多名弟子，一片安静。此时，大众中有名弟子将手举起，说：我去！那名弟子就是慧礼法师。

◎这片从来不曾去过的非洲大地，遥远而陌生，历史上曾经有三个时期，有佛教传入，却都因为文化的差异和环境的不允许而消失。这是两千五百多年来的第四次，佛教远渡非洲。

◎普遍信仰基督教的非洲人，视他为异类。基督教徒甚至到工地四周举行驱魔的仪式，说他是外来的魔鬼……

第五篇 **鬼门关前的常客** / 059

◎车祸、疟疾、战乱……生死关头，一次又一次从死神面前走过，他如何安顿身心？

第六篇 **给孩子一个家** / 073

◎离开南非南华寺，二〇〇四年慧礼法师落脚马拉维，一个纯朴善良的农业国家，在这里开启他非洲行程的第二阶段，创建“阿弥陀佛关怀中心”，收容教养艾滋遗孤。他的目标是在一个国家教养两千名孤儿，给予其生活的安顿和健全的教育。

◎阿弥陀佛关怀中心，慧礼法师非洲梦的第二个脚程，由台商、台湾外事行政管理部门、信徒、孤儿、台湾志工交织出来的另一段故事。

第七篇 **再度单飞 / 089**

◎路愈走愈远，愈深入非洲，也和自己出家的常住愈离愈远，为了不给佛光山带来困扰和负担，二〇〇七年，在因缘俱足之下，慧礼法师离开了佛光山，从此更是形单影只。此时，他是非洲百万孤儿的依靠，而孤儿院也成了他云水募款短暂停歇的家。

◎只要是众生欢喜的事，便令诸佛欢喜。独行之后的慧礼法师，经过一段身心的煎熬，感恩祝福自己的常住和剃度师父，继续在世界各地寻求支持，圆满他的非洲梦。

第八篇 **马拉维 ACC 的成立过程 / 101**

◎马拉维位于非洲的东南部，面积是台湾的三倍，人数约一千三百九十三万人（二〇〇八年六月统计），而艾滋病罹患人数更高达四成。由于艾滋病的高发，人民平均寿命仅三十七岁，许多孩子一出生就成了孤儿，甚至成为艾滋儿童。境内目前孤儿就有约二百四十万人（二〇〇八年统计），国民的日所得是联合国界定不到一美元的贫穷国家，属于世界六大贫穷国家之一。

◎ ACC 要到部落招收孤儿，却因传闻“中国人会吃人”被拒绝，本来协助召开说明会的部落酋长，因为贪欲不能得到满足，造谣破坏……ACC 成立的过程，一个又一个的考验，在真诚的爱中，一一化解、转化。

第九篇 **孩子的故事** / 119

◎从没有希望的流浪孤儿，到 ACC 的恐惧，转为安心快乐成长、受教育、习武，站上舞台、世界巡回……从不敢梦想，到想当工程师、老师、飞行员、农夫、空中小姐……ACC 第一代的孩子，已经健康成长，成为耀眼的钻石。美丽、智慧、聪明，心灵逐渐被点亮。

第十篇 **待完成的非洲梦** / 139

◎二〇〇六年，津巴布韦关怀中心动工，二〇〇八年斯威士兰、莱索托关怀中心陆续动工，他的目标是在每个非洲国家收养、教育两千名孤儿，因为只有教育，才能真正解决非洲的贫困。他的非洲梦在一个国家一个国家播种，从青丝到白头，将近二十年的岁月，不善言语、不善宣传的慧礼法师，像个埋头种树的人，只为将荒漠种成蓊郁树林，让汩汩的河流涓涓流动，让非洲孤儿不再流浪，让泪水不再奔流……

结语 / 147

◎中国古代有个愚公移山的故事，世人皆笑愚公傻，然而愚公移山的精神和毅力，却是历史中难得一见的情操。慧礼法师，一个现代的愚公，他的故事，值得您去认识。

推荐序：

非行不行，一定行

林案立

拖着行李的身影总是孤单一人，行李一包接一包，孤儿院的东西带都带不完。

经常，刚下飞机，急忙踏上赶赴法会的行程，连喘息的机会都没有，开着车子全台湾东奔西跑也是形单影只，但慧礼法师他总是说“习惯了”。

面对奔波与劳顿，他可以有其他的选择，但在人力欠缺、资源有限的条件下，为了不增加团队人力上的负担，他始终不愿意接受大家为他安排身旁的侍者，这无关排场，而是需不需要的实际问题。如果实际不需要却见侍者在两旁，那是排场；但是实际需要却不见编制，这是他朴实本性的传译，也是慈悲。

有那么几次，与他共乘一辆车，每次都向他表示由我来开车，但没一次能坐上驾驶座。开车的人总是师父，当他手握着方向盘，同时解说着十小咒各种不同的唱诵版本与功德，然后听他轻轻地唱诵着，串串的咒子像解密的天语，随着车子的奔驰而遍撒十方。

无论经由古代神社、基督、天主、犹太或伊斯兰教的宗教仪式，所有的过程都有它深含的意义与内涵。在佛教经典中，各式各样的咒子成为经藏里的精髓所在，也成了每一个修行人的日常功课，只不过要能确实贯彻在生活上，让生活即修行、修行即生活的坚持与决心不多见。入门容易修行难，在难得的一刻清静中，轻轻去体会与感受，这时候过多的言辞，反而阻碍了那份殊胜。

到非洲修行很容易，用非洲来修行却很困难。人种、语言、习性的不同，可以很快适应；人文、价值、思想观念的不同，却足以让人应接不暇。有时候让人匪夷所思，让人百思不解的，其实不是他们，而是我们。

因为我们的不理解，当然也就不了解对方的行为来自他根深蒂固的价值观。如果希望他们的行为满足我们的期待，那就太强求了，至少短期内不容易做到。美国的黑人与非洲黑人最大的不同在于教育。教育是百年大业，在正确观念尚未被教育成熟前是一段漫长的黑暗期。所以，黑暗考验真正的修行。耐心、毅力之外最重要的是具足了多少慈悲心与智慧。面对所有无法符合期待的一切，就是成就修行的过程。

不论是到非洲修行还是用非洲来修行，慧礼法师穿越一切有形与无形的障碍，虽然距“离一切相”还有段距离，但是，这不就是生命吗？

到非洲修行人人做得到，但不是究竟。心法所讲的空，到底是我们去空这个空，还是那个空来空我们？在慧礼法师身上，可以体会这个道理。

缘起

一九九二年四月，南非布朗贺斯特市议会议长汉尼博士带着土地捐赠合约抵达台湾佛光山，将六公顷土地赠与佛光山，请求佛光山派遣徒众到非洲弘法，让佛陀的智慧法水可以长流非洲。佛光山开山宗长星云大师慈悲为怀，秉持着“佛光普照三千界、法水长流五大洲”的愿力，接受汉尼博士的土地和请求。捐赠仪式过后，佛光山开山宗长星云大师集合全山大众问：“有谁愿意到非洲去弘法？”

非洲，一个遥远而陌生的国度。对于身处佛教蓬勃发展的台湾，宗教情操正在培养成长阶段的僧众，是一个想都没有想过的地球远方，更遑论发愿前往。

现场一千多名弟子，一片静默。几分钟之后，大众中有名弟子将手举起，用坚定厚实的声音说："我去！"

这一举手，一句"我去"，震撼了当年的佛教界，赞叹声四起，报章杂志随着义无反顾的一声"我去"的承诺，及后来"五世埋骨非洲"的愿力，争相报道。这位在僧团中长期沉默安静付出的劳动出家僧众，霎时成为家喻户晓的人物。

然而，随着时间的推移和因缘的转换，十九年过去了。当初一句举手承诺"我去"，是一时的勇敢；十九年后的今天，掌声消失、镁光灯退去，赞叹声换成了质疑、祝福变成了声声劝退的善意。但是，他依然坚持当初的承诺，在非洲的各个角落行脚，成为非洲百万孤儿口中"佛祖派来的爸爸"。

有人称他是"非洲佛教之父""佛教史怀哲"，二〇〇四年周大观文教基金会的热爱生命奖章也颁给了他，但他说："我是真正的黑奴，黑人的奴隶，一个国际乞丐。"

出家僧另一称号叫作"乞士"，求乞食物以长养色身，求乞

祝福语：ACC的家人和小朋友们："佛法的本质就是寂静安乐。透过修持佛法，得到寂静安乐，这是法的目的。"在此，祝福您们迅速成就一切暂时和究竟的利乐！发菩提心！——孙怡婷全家

佛法以长养慧命。而他，奔走国际化缘，只为了非洲四处流浪的百万艾滋遗孤。十九年前备受推崇的法师，十九年后，几乎已经被忘记，他就是，慧礼法师。

台湾佛教五十年来，从山林到社会，从远离人群到人间，时代更迭变迁，出家人不再是苦行托钵，而是和社会时代联结的入世族群。蓬勃发展的佛教，不再给人贫穷的出世印象，而是许多现代人生活的一部分。

随着社会经济的富裕和信仰的多元化，出家人的形象和社会功能也跟着改变。五十年来，台湾佛教，传统严谨的寺院丛林戒律生活建立，并且积极投入僧伽教育工作，以“人间佛教”“创立人间净土”为精神宗旨，带动台湾佛教一片欣荣，也造就了无数优秀的出家僧伽。慧礼法师也就是在这一波“人间佛教”思想教育浪潮中成就的优秀僧伽。

然而佛教终究还是属于较为传统保守的修行途径，即便五十年来佛教已经过一番改革，走出山林，但一心向道、自了生死轮回意愿的出家僧伽仍旧属于多数，相较于早年从西方国家远道来台湾生根的传教士精神，仍旧少了些为法为道忘躯的宗教情操。

所以当笔者问慧礼法师“为什么想到那么遥远而且陌生的非洲去”时，他说：“二十世纪五六十年代，台湾正是贫困的时候，发达国家和地区如欧美各国有约一千两百多名神职人员来到台湾，如天主教神父、修女及基督教牧师，他们终生奉献在台湾，深入山林到偏远地区，创办教堂、医院、孤儿院、救济院、赡养院、学校、急难救助……协助农业社会时期穷困的台湾社会。四十年后的现在，台湾经济富裕，社会安定，在很大程度上需要感谢这些西方来的神职人员。而此刻受惠于当年西方宗教的台湾人，已经有能力了，应该换我们回馈给苦难中的第三世界国家。”

这样一个单纯的回馈信念，让这个出生在台湾屏东农村乡下、与一般僧侣无异的出家人，远离台湾，奔走国际间——从三十几岁的乌丝到满头白发；从一个念头到一所一所孤儿院的建立，全身心投入非洲慈善和艾滋遗孤的教养，终其一生并发愿五世埋骨非洲，誓愿让“黑暗大陆”成为人间净土。

第一篇

非洲经验

非洲五十多个国家和地区，每个地方文化和状况皆不同，为了慈善救援和弘法的工作，慧礼法师常要到各个国家和地区去，了解当地的需求。

在衣食住行等与当地人接触的经验中，慧礼法师的手稿里记录了许多难以想象的情境。让对非洲充满想象的读者，有了较为实际而现实的了解。也更明白，要长期在非洲发菩提心而不退转是多么艰难的事情。

不知苦为何物的孩子

一九九七年五月（摘自慧礼法师手稿）

每次到刚果，总是要准备些饼干分给居住地附近的小孩解馋。

浑身是泥，衣衫破烂的小孩，却不知苦是何物。每次看到一张张天真欢笑的脸，就感受到他们的快乐，苦的倒是我们这些从文明社会去的人，总觉得他们缺了什么，但他们并不觉得曾经缺少了什么。看看他们，树叶可当钱用，谁能比他们富有？抓起泥巴打泥巴仗，其乐也无穷！

每次看到他们破烂的衣衫，就想到台湾选举期间旗海飘扬，插满街道。这些布若能废物利用，裁制成衣物多好！就如同四十年前的台湾，美援的面粉袋，穿在身上，印有“中美合作，净重50公斤”，字样鲜明。

有次在布拉柴维尔（刚果首都）热内先生家里，准备凌晨一点出发前往机场。晚餐后，打开前院的门到外面走走，看到几个小孩守在门口，大概晓得我这稀客在里面。我进去拿了饼干，一人一块，大家欢天喜地地散了。

到了十一点多钟，走到外面。不得了，更多的小孩。当时的心情像是焰口施食法会，散洒饼干施食无量众生！

台湾现在的环境，小孩得到一包饼干算什么？何乐之有？可是在刚果的小孩，把饼干塞进嘴里的满足感，千恩万谢不足以道感激之情。

这使我联想到：我们吃块饼干，不算什么，但是掉了一块饼干屑，对一只蚂蚁，可是天大地大的福德因缘。

经上说：“念句佛号，对鬼道的众生，等于四十里路放大光明。”我们要念句佛号，何难之有？所以每当我念佛时，常有放光的感觉，常以散洒饼干的心情，常有众生迫切需求的感受。就像热内先生居住所门外，半夜依然伫立、久久守候，渴望得到饼干的小孩。

我们有太多造福施德的机会和能力，或许我们忽略了！

吃一根香蕉的幸福

二〇〇〇年一月（摘自慧礼法师手稿）

为了在坦桑尼亚招收学僧，我常常要前往坦桑尼亚，中途寄住在一所斯里兰卡的南传佛堂。每一次来我心情都很低落，在旅馆柜台兑换币值时，总感觉当地物价、经济的波动与不安。原本六百先令可兑换一美金，才过没多久，竟然是八百先令换一美金，而政府偏偏此时又加重增值税百分之二十，真是“苛政猛于虎”。

每次挂单在简陋的佛堂里，两人共居一室，小小的、幽暗暗的。佛堂里的自来水，可用“滴水如金”来形容，用过的水要盛起来冲马桶。洗澡时，要到野外的一口井打水来洗，那水混浊不堪，即使不敢洗也不得不洗。天气太热了，整天挥汗如雨，汗渍渍的衣服，隔天就酸臭冲天。所以水再脏，也要洗澡、洗衣服，否则整天都难过。

佛堂的午餐相当简单。佛堂缺粮很严重，再加上饭锅太小、碗盘不够用，只能一切从简。

斯里兰卡式的饭菜，酸酸辣辣的，对我来说非常不习惯。

在非洲时由于卫生和疾病的传染，吃的方面要非常小心，我都是选择香蕉和辣椒两种食物。因为香蕉皮厚厚的，卫生上有保障，非洲国家到处有香蕉，取得容易，不用煮食，很快就可以填饱肚子。这里有另一种绿皮香蕉，不能生吃，一定要煮熟才能吃。煮熟的绿皮香蕉沾盐巴吃，可以把肚子撑得胀胀鼓鼓的。在饥饿的非洲，如果能把肚皮胀得饱饱的，就是一种最大的幸福了。

在非洲多年，吃辣椒已成为我自我要求的饮食习惯，常常刻意地食用许多辣椒，吃得嘴皮麻麻辣辣的，吃得涕泪纵流又汗流浃背。这种关于辣椒能杀菌、排汗，能清除体内毒素的想法，是否是我的自我安慰或心理因素？我倒是不知。然而我在非洲行走多年，竟然没有打过预防针，还能全身而退，似乎又是不可思议！总之，香蕉和辣椒，饱食又解毒，可是我的自保健康特殊良方呢！

祝福语：孝养父母，奉事师长，慈心不杀，修十善业。——丁钰栅、张卓然

雨后街灯下人蚁共舞

有一次到坦桑尼亚，下午在一场大雨停后，天也暗了下来。首都的街道旁，街灯下聚集了一群人在捕捉飞蚁，然后将肥肥的白蚁折了翅膀，往嘴里塞。有的在地上捡现成的吃，有的双手张扬，跳跃着捕捉飞舞的飞蚁，捕到一只吞一只，捕到一双吃一对。

雨后街灯下，一群群飞舞的飞蚁和一群群跳跃的人，共舞在街灯下。坦桑尼亚人说，白白胖胖的飞蚁，最富蛋白质，生吞比吃维他命有营养。

这让我想起马拉维的街头摊贩，有人专卖小老鼠。从田园野地里捉来的小老鼠，已被处死，每摊数百只，看了就恶心，也没有心情去问他们怎么卖？怎么吃？

教堂的牧师

一九九七年五月（摘自慧礼法师手稿）

在南非南华寺时，我们在马拉维认养了一百名孤儿，分布在马拉维境内十个孤儿院中，因此我们会常找机会前往各孤儿院探视认养的孤儿。在德雷莎孤儿院里，就有十一名是我们认养的孤儿，探访当天，修女将十一名我们认养的小孩找了出来，全是二至四岁的小孩，他们圈坐成一团，不哭、也不闹，就瞪着大大的眼珠子看人。

看着这十一位小孩，因为有了认养的关系，而备感亲切，并不因为肤色不同、种族不同而有所隔阂。看着纯洁无邪的孩童让我们了解到，人种尽管有不同，但不能因人种不同而产生对立抗争，全世界所有的人种应是全人类共同拥有的资产。是黑人还是白人，只是因缘业力的显现，黑人有可能转世为白人，白人也有可能转世为黑人，若是因为人种肤色的不同而对立抗争，将是一种永无休止的恶性循环。

除了马拉维的德雷莎孤儿院，在刚果的穷乡僻壤里，往往少不了教堂的存在，我曾在教堂里歇脚，也接受过招待，牧师一人守着教堂，二十年或三十年就他一人，哪来选择？或许众生的需求，就是他最大的抉择。

祝福语：愿这位话少、愿重的大德慧礼法师长久住世，愿法师法传非洲，续佛慧命之宏愿早日实现。——尹璐

利比里亚机场经验

一九九九年十一月（摘自慧礼法师手稿）

一九九九年十一月二十二日下午，因为一场轮椅捐赠的仪式，我抵达加纳阿克拉机场。加纳和南非有两小时的时差，在阿克拉必须等到十一点才能转搭GH510飞往利比里亚的蒙罗维亚。机票上注明有过境旅馆可以休息，所以在过境室里，向加纳航空的服务人员要求到过境旅馆休息，服务人员只有淡淡地说“你坐下”。

呆坐了一个小时，看到有人在登机，我将机票附有过境旅馆的说明书交给柜台人员，柜台人员为我办好登机证，只淡淡地说“你等着”，我只好留在过境室等待。但心里明白，应该不会有过境旅馆的服务，西非国家在过境室里有冷气吹就已经是“阿弥陀佛”了，怎能奢望过境旅馆的服务。

耗在过境室里，没有任何班机的起降广告牌，只有在每次播音时，竖起耳朵注意听着广播播报起飞的班机号码。十一点过去了，仍然没有GH510起飞的消息，前一晚的飞机上没有素食可吃，第二天早餐也没得吃，中餐更没人理会，又渴又饿，在机场的吧台里，用一美金买了一罐可乐补充体能。十二点过去了，仍然没有GH510的消息，又闲逛到免税商店，就只有两家店铺。看到架子上有饼干、汽水可以充饥解渴，尽管平时不吃饼干零嘴，现在看到饼干可是精神为之一振。

十二点三十分终于播报GH510开始登机检查的消息，大约两百多人排着长长的队伍，一一通过行李检查。登机室里挤满了人，嘈杂的人声，也没冷气，气氛显得躁闷。往停机坪望去，GH510班机正在抢修引擎。就等引擎修好，下午两点三十分班机终于起飞。

下午三点三十分，飞机在阿比让降落，上下旅客，旋又飞往蒙罗维亚。老旧的飞机上，坐着满满的旅客，真担心它载不动，在阿克拉看到抢修引擎的一幕，令我回想起两个月前在马达加斯加首都塔那那利佛机场跑道边，十几架报废的飞机残骸，东倒西歪的横躺一片，活像飞机坟场。非洲国家成了飞机终点站，老旧不堪的飞机全卖到非洲去，却又在非洲逞其余勇大显身手一番，但是看到飞机苍老的身影，机舱内老旧的设备，内心总是少了安全感。

蒙罗维亚是利比里亚的首都，国际机场办公场所小得可怜，就像台湾的乡村火车站的规模。提领行李的房间，不到一百平方米大，一时间挤进两百多人，混乱、拥挤、嘈杂、闷热，真想退出这里。前来接机的“大使馆”张秘书一再交代，必须看紧行李免得遗失，所以只好挤在人群中。

在这混乱的人群中，人人声嘶力竭，拉开喉咙穷喊。整个行李室内，超过一百二十分贝的高音量持续了一个小时。行李领完了，人退散了，仍不见我的行李出现，张秘书说有两种可能：一是遗失，一是留在阿克拉机场，只好办理行李遗失登记手续，再离开机场。

美援独立的利比里亚

很难相信这是一个国家的国际机场，但在非洲地区，这样的场景却又司空见惯，非洲人极重视表面尊严。常常看到一身穿戴名牌的黑人，从帽子、衣服、手表到皮鞋全都是名牌，西装革履，衣服光鲜，但不知他们内心在想什么。

三十年前的非洲国家和地区，在欧洲殖民时代，个个比台湾富强。但现在非洲国家和地区，全是第三世界，极度贫穷、落后，只有少数的权贵，却又极力搜刮、贪渎，哪管其他大多数穷困的非洲人，其自私短见，真是一览无遗。

从蒙罗维亚机场往“大使馆”的路上，张秘书介绍着利国的情况：利比里亚人口两百八十万，土地面积是台湾的三倍大，是美国黑人返乡建立的国家。在非洲国家全是欧洲殖民地的情况下，只有利比里亚是美国支持独立的国家。

利比里亚在一九九八年结束内战，我到的一九九九年，仍被美国列为旅游不安全国家。利国的水电设施在内战时全毁，因此仍处在没自来水没照明电的情况下，必须自备发电机才能有电力照明。

回到“大使馆”，其前侧就有一间发电机房，引擎声隆隆作响，利国政府没办法供应电力，利国人民倒也习惯摸黑过日子。入夜后，街道上稀稀疏疏的光点，只有少数人家能自备发电机。

行李不见了，劳动“大使馆”和农技团几个大男人为我张罗换洗衣物和盥洗用具。幸好有此好因缘，否则一个人外出，像利国机场的那种乱象，活像遇到一群土匪强盗，哄哄闹闹地乱成一片，何时会被生吞活剥都很难预料。

非洲地区驻外人员的辛苦和奇遇，或许是台湾外事工作同仁很难想象和理解的了。台湾为了争取利国的支持，不得不付出相当的经济援助，但如何将钱花在刀刃上，很难拿捏得准。

台湾来的轮椅捐赠

一九九九年十一月二十三日上午，在轮椅捐赠之前，农技团范先生开吉普车带我到蒙罗维亚市区内绕行了一圈，宽敞的街道，完好的柏油路面，在非洲国家除了南非倒是少有。但是破败的建筑，老旧脏乱的街景，则是和其他非洲国家如出一辙。

范先生特地开车载我到港口参观，看到正作业中的拖拉机和货柜吊装机械，这些都是台湾当局捐给港务局的。在港口区遇到由南非到利国经商的三位台湾侨胞，正在提领货柜和港务人员周旋，他们三人大谈苦经说：“海关人员认为台湾当局有钱捐助该国，台湾人一定很有钱，所以必须多给钱才放行”，这明明是敲诈，真是“阎王好说，小鬼难缠”。在非洲做进口生意，就如一块大肥肉，所有的苍蝇都会聚集过来抢占一口。

而我当天的行程是主持一场轮椅捐赠仪式，活动也是台湾和利国民间友谊的交流，代表台湾民间对利比里亚人民的关怀。

台湾四十几年前，也曾经极度贫穷，接受别人的援助包括衣服、食物，今天有能力帮助别人，只是在传递爱心，希望未来利国人民，也能将这份爱心传递下去。

晚间电视新闻播出轮椅捐赠的消息，不知利国人民是否会将台湾看成冤大头？利国之行，让我深深觉得，利国举国上下缺乏国家观念，人人急于自肥，上行下效，如此需索无度，真的是善门难开。

仪式后，受被捐赠的医院邀请，到天主教医院参观，医院里两百多名员工、七位主治医师；妇产科、小儿科、内科一应俱全，内部陈设整洁，管理井然有序。四部发电机日夜发动，供应全院的冷气和照明。西班牙修士认真带领参观和介绍，医院中的设备有超音波诊断及断层扫描等机器，但都已出现故障不堪使用。

台湾农技团在利国

在利比里亚期间，台湾驻利比里亚农技团范植添先生，开车载我到郊区农技团的农场参观。台湾当局为协助利国人民推展小农计划，派驻农技团教导利国人民农耕技术，并协助品种及土壤改良，可谓用心良苦。

范先生带我参观利国的主要经济作物——橡胶。连绵数十公里道路两旁高大的橡胶树林，这可比黄金矿藏更有价值。看着从树干上滴下一滴滴白色乳液，滴在承接的塑料盆里，这么不起眼的一小滴，但在道路旁的大卡车，却一车车地装满从树上收集的乳胶，真可谓“数大便是美，滴水可成金”。

利国道路旁很多巨大的广告牌上写着：“THINK BIG”，他们只会“THINK BIG”，却不知大是由小累积而成。“登高必自卑，行远必自迩”的道理，想必利国人民不曾体会。

备受考验的慈悲心

仪式圆满后，一九九九年十一月二十四日下午将搭GH551两点三十分飞科特迪瓦的首都阿比让，再转搭 RK855晚上十点三十分班机前往塞内加尔的达喀尔。十一点左右，范植添先生从外面回来，叙说刚刚警察又去找三位从南非来此经商的台商，无非是敲诈勒索。三位台商经常受到警察骚扰，只因利国数月以来政府未发薪水，军警及公务人员都难以维生，所以四处扰民，尤其是外国商人，更是经常受到骚扰。

午餐时，范太太备好素菜，又包了一串素粽，要我带着走。因为接下来几天的行程，在机上和机场转机的时间相当长，所以素粽可以当便当。几天来在利国受到“大使馆”和农技团的盛情招待，真是感激不尽。

十二点，“大使馆”的彭主事开车来送机，匆匆用完午餐，拎着行李与大众互道珍重，再度踏上旅途。但毕竟是“黑暗大陆”，不仅是人种黑，连社会也黑暗，政治也黑暗，人性更是黑暗。面对种种的黑暗，很难用文明社会的认知尺度加以衡

祝福语：愿同忏同愿同祝福：往昔所造诸恶业，皆由无始贪嗔痴，从身语意之所生，一切我今皆忏悔。众生无边誓愿度，烦恼无尽誓愿断，法门无量誓愿学，佛道无上誓愿成！——许慧娟全家

量和面对（利比里亚已于二〇〇三年十月十二日与台湾“断交”）。

到了机场，又要面对拥挤、嘈杂、混乱、闷热的场面，就在登机柜台前，挤满了人和行李，真的就是拥挤、嘈杂、混乱、闷热，完全不像人类社会该有的举止和现象，是不该如此形容，但场面确实是如此。

我和彭主事挤在人群中站立了两个小时，毫无往前移动，柜台前的人群，大家都往前挤，彭主事性情好，一声都没吭，我凑近他耳朵说了个故事给他解闷。

话说舍利弗过去世修行时，曾大发菩提心，要广度众生，此心念一发，就有天人化现来考验他。

有一天，舍利弗外出行化时，遇到有人在路旁痛哭流涕，舍利弗好意探询，此一天人化现的路人哭着说：“我母病重，医生说须有修行人的眼睛做药引才能治愈。”舍利弗心想：我正欲广度众生，普利大众，就挖右眼交给路人说：“我是修行人，这颗眼珠就让您带回去治母病。”

此一路人，一看舍利弗取出的是右眼就很抱歉地说：“真对不起，我忘了告诉您，医生说是要左眼。”舍利弗一听，只好怪自己鲁莽，未明就理就挖出右眼，所以只好忍痛再挖出左眼给路人。

舍利弗这时已是全盲的状态，却听到此一路人将舍利弗的左眼珠凑近鼻子闻了闻，大吼道：“臭死了，这算是什么修行人的眼珠。”接着将眼珠丢在地上，用脚狠狠地践踏。舍利弗面对此情境，感叹众生难度难化，因而退失了菩提心。

说这个故事给彭主事听，也是在自我嘲弄，想想自己发愿到非洲度化众生，几年来，面对更多非理性情境时，不知能否坚持“法化非洲”的心愿？

说完故事，彭主事突然想起了什么，往柜台内挤去，我想他是想到了利用“大使馆”的特权了，规矩排队在这里是不合时宜的。果然很快就有了消息，他拿了我的机票、证件和行李很快地完成了手续，但是似乎需要给好几个缠着他的人钱。

彭主事送我到候机楼，我请他先回去，我在候机楼静候飞机就好。彭主事回去不久，就有一个警察跑来找我，问彭主事是否走了，说他刚刚帮彭主事办理登机手续，彭主事没给钱。

我不想跟来人纠缠不清，从口袋里掏了五元美金给他，那人就高兴地走了。

在非洲要学会等待

二〇〇一年一月（摘自慧礼法师手稿）

一日正午时分，在马拉维的街头，一辆箱型九人座公共巴士（迷你巴士）缓缓开来，中午的阳光晒得皮肤发痛，一群人像飞蛾般扑了上去，他们已足足等待了两个小时，二三十人拼命挤进只能承载九人的迷你巴士里。

等车是马拉维当地人生活中的一门功课，迷你巴士是马拉维的一种交通工具，但是没有时刻表，何时发车永远没有个准，当地人只能每天凭运气呆呆地等着，等待是当地人生活中的一门功课。

这些年搭飞机从台北飞南非，一飞就是一万多公里，在机场等待的时间相当长，转机要等，到南非机场上下飞机也要等，来回马拉维更是要等，一切仿佛都在无尽的等待中，而生命也在等待中一分一秒度过。

有一次，搭马拉维航班飞马拉维，下午一点的飞机，预计在半个小时内会在马拉维南部的布兰太尔降落，再转飞目的地利隆圭，但遇到暴风雨，飞机一直上下晃动，机长向大家报告，机场因雷雨而停电，无法导航，机长自行驾机兜圈子，以目测降落，但飞了几圈找不到跑道，只好放弃降落，改飞其他城市降落。

原本是在布兰太尔转机，再飞目的地，没想到一场暴风雨，竟把我们直接吹到目的地，而且还早到了一小时，真是出乎意料之外。非洲的天气，真是千变万化，冬天清晨温度可以在五到七度，到了中午，太阳可以把人的皮肤晒到发痛。

搭飞机等机，是习以为常、家常便饭的事，到哪儿都要等待，尤其是马拉维的飞机永远是延误迟到的，有时有机票上不了飞机，不知何时启航，只有等啊等的，从一小时到一两天，几乎是司空见惯的事。甚至还有卖了票，航空公司关门，停止营业的现象，几乎是求偿无门，只能自己想办法。

不过在此次飞行中，倒是发生了一件很有趣的事，当飞机在天空上乱飞的时候，我在不经意时随口说了一句话："希望佛法能提早到马拉维来。”没想到一语成谶，我们也因雷雨提早抵达目的地，还认识了一些弘法上的贵人，而马拉维竟也成为我日后筹建“阿弥陀佛关怀中心”，照顾艾滋孤儿的第一处法缘之地。

这里没有老人

在马拉维期间，每个月，我们都会下乡到邻近部落里发放粮食。一包包的爱心玉米粉，是非洲人的主粮。一个酷热的午后，依序排队来领粮食的人，几乎都是十多岁的小孩，黑黝黝的皮肤，满口白牙，晶莹剔透的双眼中，总带着这个年龄不该有的沧桑与绝望的神色，他们大多是无父无母的孤儿，一无所有。

在发放食物的过程中，忽然人群里一阵骚动，“一位老人来了！”

大家不约而同地叫了起来，老人在这里几乎是稀有的，因为马拉维人民的平均寿命只有三十七岁。只见这位老人拄着拐杖，体弱无力，仿佛风一吹就会倒下般，我猜他真正年龄也许五十多岁，但是却有七八十岁的外貌。

在中国台湾、在日本，几乎已进入中高龄社会，处处是老人，不但有为老人设想的设施，还有各种福利津贴。唉！地球的两端、不同社会的老人，虽同为老人，但有不同的际遇和不同生命的功课。

不知民生疾苦的统治者

有一次在坦桑尼亚首都，雨后的马路，到处是坑坑洞洞的水洼，开车要左闪右躲，才能避免车轮深陷洞中。而往往在大水洼旁，常会有一群年轻人等在那里，当车子开到水洼旁，他们会好心地引导车子往旁边开，但往往是越指导车就越往水洼里陷落。这时年轻人一涌而现，纷纷帮忙推车。当车子脱困后，这群年轻人就围上来，伸手要钱，此时才恍然大悟，原来从头开始，就是一场有意图的设局事件。

这种经验，在马拉维也碰上好几次。一群小孩伸手讨钱时，表示这是买路钱。意思是他们要补平路面，过路者要付费，如果不付费，小孩子就追着车子狂叫。

坦桑尼亚的乡下，马路更是千疮百孔，每次开车只好减速再减速，我常开玩笑地问当地人："你们的总统出门都骑马吗？是不是不用开车？""呃！总统出门是搭直升飞机的。"他没有意会到我酸溜溜的问话。唉！原来总统是不搭车的，难怪马路破成这个样子，他根本就不知民生疾苦呀！

又有一次，到英属冈比亚去，从机场到首都的路面，简直可以用烂路来形容。人坐在车上，就像历经了一次全身按摩。滚滚沙尘，连马路上都可以卷起千层土来，像进入到沙漠里一般。我随口问了一下当时的李辰雄"大使"，"机场到首都是国家的门面，怎么不修好一点呢？"

李"大使"说："这段路越烂，越容易争取到国际经济支持。"我心想："马拉维的小孩和坦桑尼亚的年轻人拦路要钱，可不比冈比亚的总统来得高明。"

记得有一次，到利比里亚捐赠轮椅，在机场入境，提领行李时，吵杂混乱拥挤的场面，记忆犹新。出了机场上车，只见路旁的电线杆，一根根直立着，但是却不见电线，据说是在内战中，电线被搜刮盗卖一空。现在内战平息，全国没自来水没照明电，要想恢复电力设施，可不是一件简单的事。

进入首都蒙罗维亚，却发现四处可见的选美广告，随口问司机，“国家这么穷了，还要选美，很奇怪！”司机回答竟然是：“选美是幌子，其实是为总统选妃子而办的。”

马拉维的马路，在弯道路旁边，有像护栏一样的设施，这些护栏以水泥做成立柱，以木头做横杆。曾经我走遍马拉维，发现全国所有护栏的横木，都不见了。听人说，全被拆除当作柴火烧了，一根一根水泥立柱仍然杵在那儿。马拉维的风光是美丽的，浩瀚无际的马拉维湖，湖宽几乎占马拉维的四分之一大，惊涛骇浪，壮观无比。原野上一栋栋泥墙干草屋顶的房子，一扇扇茅草编织的围篱。风光是美丽的，但是老百姓却真的是又穷又苦。

我常想如果统治的人，无法时时谨记着这句“民之所欲，常在我心”，我想老百姓的苦就真的是苦了！

第二篇

青少年时期的慧礼法师

“他很勤劳，话也不多，从小就和我一起下田。读了书之后，放学也会马上到田里帮忙，从来不偷懒。我以为我这一辈子不用担心没有依靠了，哪里知道当兵回来之后，他竟然怕吃苦跑去出家。”礼爸爸说……

二〇〇八年三月，我开车从“国道”88号南下转进往屏东潮州方向的台一号省道。笔直宽阔的马路，加上道路两旁，高大挺立的艳紫荆，呈现着南台湾温热朴质的人文风情。

从屏110线道左转进万峦来义山区，安静的乡县道和田野，映着不远处的山色，一派悠闲。

路愈走愈偏僻，在前面引导我的郁师姐车子突然放慢速度，转进路旁一间淳朴素净的民宅，一位清瘦的老人家在门口候着我们。郁师姐一下车，亲切地喊着“礼爸爸，等很久了吧？”

老人家八十几岁了，外貌安静沉默，独居在这大得有点让人感到寂寞的农家民宅内。除了小客厅的一组沙发之外，大客厅里空无一物，墙上挂着泛黄的、连续多年获得模范父亲表扬的奖牌和匾额。

电视机开着，日本NHK电视台正播放着新闻，受日本教育的蔡老先生，只看NHK，除了闽南语，他只听得懂日文。这位独居在乡间，高龄八十三岁的老人家，刻苦勤俭，早年务农还兼任婚丧喜庆宴会的外烩厨师。即便已经退休，每天还独自骑着机车到东港去看海，偶尔还帮乡间的宴会下厨。

他是“非洲和尚”慧礼法师的父亲，育有八名子女，俗名蔡荣富的慧礼法师是他最引以为傲，也最为期待的，后来却成为他口中“不孝”的长子。

“他出家之后，您去看过他吗？”

“我很生气他抛弃家庭的责任，一直觉得他是偷懒、怕辛苦，才会逃避跑去出家，所以我当作没有这个儿子，每次想起就很生气。他出家十二年之后，我才上佛光山去看他。”

“到佛光山那天，他在工地工作，佛光山的法师接待我，跟我说‘礼爸爸，您很好命喔，有个这么优秀的出家儿子’，我心里很想骂说：好命什么？他如果在家这么打拼，我才是真的好命。”

“后来听说他去了非洲盖庙，好多年以后，我偷偷跟团去南非看他，看到他盖的那一座很大的庙，后又听说他开始养孤儿，收养了几千名孤儿，我已经好久没看到他了……”礼爸爸试图掩藏对儿子的思念，神色交杂着各种难以说清楚的心情。

“父母在，不远游”，这是古代明训。如果用在慧礼法师身上，放着八十几岁高龄的父亲独居，的确要说他不孝。当我告诉礼爸爸：“今年八月，慧礼法师会带着他收养的三十名孤儿回台湾，带他们回来看你好不好？他们都是你的孙子唷！”

老人家有些落寞的神情突然现出了光彩，问我：“那他们都吃什么东西？我来煮给他们吃。”

* * *

他生长在穷乡僻壤的农家，父母亲生了八个孩子。身为长子的他，自幼便担负起帮忙家计的工作。因此，和一般孩子相较，他的童年没有绮丽的梦，除了读书之外，岁月都在蔗田、造林、捡柴、垦荒、拔地瓜中度过。

农村淳朴的生活，以及每天忙碌的农作，养成了他坚毅的性格。长年在山野中与大自然融合的环境，一望无垠的绿野平畴，滋养了他忘怀得失的胸襟。这也是日后慧礼法师给人以木讷寡言印象的原因之一。

由于家里拥有的都是布满石砾的旱田，只能种植地瓜、甘蔗、树薯等低经济价值的杂粮，所以必须以量取胜地大面积耕种。在此情况下，慧礼法师从小练就了一身好手脚，动作利落不说，挑扛力量也不输给大人。农家子弟吃苦耐劳的个性由此磨炼出来。

初中时，为了贴补家计，他以十三岁之龄，到远在十余里外的古楼“国小”打工，负责夜间守卫。慧礼法师笑说：“其实那不叫守卫，只是晚上到学校睡觉罢了。”

每天放学后，独自沿着山间小路或田野阡陌，踽踽穿过黑暗与孤寂，才到达目的地。与古楼“国小”毗邻的是一片坟地，夜里一片漆黑，虫声唧唧、鬼影幢幢，常听到原住民呼天抢地的哭泣声，悲惨凄切，宛如神哭鬼号。但也许就如他自己说的："当时不觉得特别恐怖，大概是年纪小不知道什么叫作怕吧？"这样的日子，他自在地度过了三个寒暑，无意间让他比同年的孩子多了一份成熟与无惧的坚毅，对于生死也有几分的淡然。

上高中时，由于交通不便，因此寄宿在潮州镇明心佛堂。除了学校功课，也饱览该寺许多藏书，就读佛光山丛林学院的大姐也常寄来佛教书籍。有一次，读到一本戒杀生的劝世佛书，内容讲述六道轮回，年轻的慧礼法师突然想到自己三餐所食的鸡鸭鱼肉，说不定是前世父母兄弟姐妹转世而来的，当下决定茹素。甚至服兵役时，在部队里没有素食的情况下，仍然坚持吃肉边菜或青菜。

"我也是经过半年的调适才完全放弃荤食！"慧礼法师毫不在意地透露那段历程，但因为"众生皆为累世父母"的念头，让他的不忍之心和慈悲心很自然地战胜了口腹之欲。

学校放假时，年轻的慧礼法师常常前往佛光山探视就读佛学院的大姐，借此接触并吸收佛教经典教义。或许是宿世因缘，每次到山上都有回家的亲切感，与佛门寺院的关系联结也就越来越紧密。

高中毕业后，慧礼法师前往佛光山帮忙，斯时佛光山正处于开山建设时期，需要许多人的投入参与。吃苦耐劳的慧礼法师什么活儿都肯做、也能做，逐渐成为当时负责建寺的心定和尚得力助手。

时间长了，耳濡目染的情况下，出家的念头已悄悄地萌芽。时值佛光山丛林学院（佛光山丛林学院是培养僧伽养成的修道院）正在招生，慧礼法师跃跃欲试。然心定和尚已看出这个年轻人未来必定是佛门的龙象，需放长眼光相待，故而劝慧礼法师先去服兵役。

由于出家的目标在心底扎实地藏着，又得力于自幼的劳动，体能特别好，加上茹素多年，当兵期间，身心稳定，耐力更是同梯弟兄难望其项背。在干训班的训练中，以第一名毕业，慧礼法师很顺利地服完兵役。

第三篇

寺院丛林的生活

出家后的慧礼法师并没有机会修完佛学院的全部课程，因为当时佛光山正大兴土木，负责工程的心定和尚在急需人才的情况下，想起那个当兵前就常跟着自己到处工作的年轻人，于是慧礼法师提早离开佛学院，投身到工程监院。

先是跟着心定和尚学习磨炼，后来将整个工程的重担承接下来。这一待，就是十四个年头。

一九七七年，慧礼法师自军中退伍，毅然回到佛光山受菩萨戒，之后被调派到宜兰雷音寺帮忙寺院的劳动工作，同时研读佛书，历时半载。

那半年，是他考虑在家或出家的缓冲期与挣扎期。最初的犹豫是担心自己能否坚持出家信念，直至读完《释迦牟尼佛传》及《高僧传》后，历代高僧为法忘躯的志行、无私无我的悲愿，深深触动他的心弦。相应相知的法喜现前，电光石火般，指引出一条明路来。经过深思内省，他坚定而明白“出家”才是他生命的去向。

清楚自己的定向，他开始担心父母亲情难舍。果然，当这个乖巧、孝顺的儿子谈及出家之念时，父母都极力反对。孝顺的慧礼法师心中自是挣扎不已！慈母的泪水，点点滴滴渗入他的心头；严父的怒目，炯炯逼视摧毁他的意志！

他曾写道当时的心境：“从下决心出家到披剃圆顶这一段时光，真是百感交集，无尽的愁思涌塞心头，使我尝尽了失眠的滋味。有时半夜醒来，才发觉枕头湿了一大半。实在睡不着了，只好到大殿礼佛，祈求佛陀慈佑，化解亲情的障碍。要不然，就到外面透透风，望着明星，对着浮云，喃喃自语：‘亲得离尘垢，子道方成就，说与谁听？舍父母之箕裘，继如来之家业，有谁知我？’那一份法情与亲情，恰似鱼与熊掌，难以兼得的心绪，恐非局外人所能领会。”

正在苦恼之际，忽然，释迦牟尼佛的出家情景示现眼前，当年悉达多太子不正是辞亲割爱，乘着飞马逾越城池而去吗？

祝福语：愿慧礼法师所愿皆成！愿 ACC 的孩子们健康快乐！——祝平平

他下定决心舍小爱成就道业，不仅度化了今生的父母亲眷，更度化了累世以来的父母亲眷，这才是大孝啊！兀自思索其中妙谛，心中悬石顿时落下。

他回到佛光山恳请星云大师为他剃度。当剃度典礼隆重举行时，他自在的心，仿佛看到一片光明的远景。慧礼法师回忆说："我瞑目合掌，跪在佛陀座前，耳际回响着师父的慈悲开示，此时，心里一片宁静安详。悠悠然，如释重负；飘飘然，如处仙境。那一刻，我真忘了自己置身何处！"

那年他二十四岁，个性笃实的农家青年蔡荣富，自此成为佛门龙象，成为日后秉承师父愿心到非洲弘法的"非洲和尚"——慧礼法师。

粉身碎骨都无怨

佛光山的开山宗长星云大师于弘法育僧之外，深刻体认到僧才的培养刻不容缓，而僧才培养多赖正确严格的教育，因此在一九六四年创办佛光山丛林学院，招收有正知见的年轻人前来进修。

佛学院教育除了经典教义研究之外，生活上不逊于严格的军事训练。佛学院学生每天早上四点半起床，五点做早课，起床后还得把棉被折成豆腐块，垫被、枕头都要照规定叠好放整齐。脸盆里的牙刷、牙膏、漱口杯、肥皂，什么放左边，什么放右边，什么放中间都规定得清清楚楚。军队里常讲的“合理的要求是训练，不合理的要求是磨炼”，在佛学院则早已行之有年，读过佛学院的人早已习以为常。

不过，出家后的慧礼法师并没有机会修完佛学院的课程。因为当时的佛光山正大兴土木，负责工程的心定和尚在急需人才的情况下，想起那个当兵前就常跟着自己到处工作的年轻人来。于是慧礼法师提早离开佛学院，投身到工程监院，先是跟着心定和尚学习磨炼，后来将整个工程重担承接下来。一待，就是十四个年头。

工程监院的学习，有他对自己僧格的期许。

年轻的他唯恐自己落于安逸的生活，更唯恐自己浪得浮名，所以他要韬光养晦，去承接辛苦的劳动工作，像高僧大德一样行单苦修。于是，他从粗工做起，一根扁担、一把锄头、一顶斗笠、一辆卡车，不断辛苦作务，从枝末到根本，从基层到高层，几乎全部参与。因此十四年之后，他对寺院的建筑非常专精，堪称当前佛教界稀有的人才。

当年，禅宗六祖慧能大师在开悟以后，依然到碓坊，腰石舂米供养大众。即使在大彻大悟以后，依然在猎人队中保养圣胎。因此，众人为慧礼法师封取名号，称为“六祖”。

在工程监院的十四个年头里，慧礼法师积极投入工作，曾发生多次严重意外，却都奇迹般地幸免于难。

“佛教不讲神通或神迹，但在我身上却是一而再，再而三地发生不可思议的事情，我只能说是菩萨认为我还有很多事没有做完，不能死吧！”慧礼法师对于自己数度死里逃生而衍释出一句“大难不死，必有重任”的名言来。

化得险阻悟苦受

有一次，他和一位卡车司机开车到关仔岭载运建材，回程在下坡时，卡车突然刹车失灵，而急速往前冲，司机握紧方向盘汗滴如雨，而他心若止水，并观照当下将如何生死，结果卡车冲到碧云寺前的广场便戛然停止。

有一天，他在佛光山操作推土机施工，不慎整辆推土机翻落悬崖。在千钧一发之际，他临机应变，及时跳出车外，双手攀附在山崖逃生，只受到些许擦伤。

一个风雨交加的夜里，佛光山大雄宝殿的天窗被风吹开了。他提着灯爬上最高处，才刚关上天窗，不觉失足，便沿着阶梯滚下来，灯熄了，满身湿冷，只得在一片漆黑中独自摸索回去。

在一个狂风暴雨的下午，他到处巡视工程，走到佛光山普门中学地带，突然遇到山崩，把他埋进土石流里，令他动弹不得，却无人救援，几经慢慢挣扎，才安然脱险。

佛光山的檀信楼施工期间，他脚稍踏空，便从顶端跌落，沿柱连串的钢筋划破了他的背部，然后掉到底层中央。三层楼的高度令大家哗然，以为断送了人命。由于底层中央尚无通道，上楼无梯，外出无门，唯一的通道，就是从底层攀爬到顶端，再由顶端走下外缘的阶梯。在场的人慌张失措，正在观看如何攀下探查，突然看到他血淋淋爬上顶端，大家都吓得目瞪口呆，只见他默默走回寮房，却在路上遇见星云大师，他急忙抓紧被刮破的衣服，装作若无其事的模样，然后倒退着走开！

在工程监院十余年来的全身投入，让他尝尽了各种苦楚，也历尽了各种险难，然而他依旧淡淡地说："无险可历，无苦可受。"

他的无怨无悔是来自《高僧传》的力量。他的逢凶化吉，大概是由于日常生活中念佛持咒不断吧！传说他的密行，是把十小咒各念满三十万遍，开车的时间正好修持。难怪他常常从高雄到台北一路保持缄默。及至后来奉调南非，十几个小时的飞行航程，对一般人来说是漫长难耐，他却觉得这是个持咒及养精蓄锐的最好时机。

孤云高卧枕石眠

佛光山在美国创建西来寺时，亟需大量的琉璃瓦，然而当时负责供应的琉璃瓦工厂濒临分家与破产，西来寺的工程一度停滞。

于是，他奉派在台湾统筹。当时，他率领信众亲自参与制瓦的工作，每天要苦守着千度的热窑。有时一个人开着卡车，载运十几吨的琉璃瓦，常常跑了几百里的路程，都未进饮食。闲暇时，他便为信徒讲述《地藏经》。

由于琉璃瓦工厂周转不灵，他只得暂时挂上董事长的虚名，结果被连累得经常上法庭，甚至俗家的祖产也被法院查封，他没沾得一毛利益，却是风雨连连。这是他一生空前的难关，最后竟圆满解决了。

制成西来寺需要百万片琉璃瓦，他又奉命到西来寺教墨西哥籍的工人铺瓦。在大雄宝殿与各殿堂的屋顶间，他来回走动不计其数，忘却岁月甲子，也忘却寒冰霜雪，更忘却饥渴疲惫。不知有多少夜晚，他都是以琉璃瓦屋顶为禅床。

慧礼法师说："有人说我连晚上都睡在屋顶，其实是误传。至于在屋顶上午休是迫不得已，因为墨西哥工人坚持一定要有午休，我只好入境随俗。因为懒得爬上爬下，干脆就在屋顶上休息。"

有一天清晨，星云大师在西来寺巡山，抬头赫然发现他正卧在大殿屋顶上沉睡，星云大师伫足良久，才默然离开。也许这正是他们师徒道合，不须言诠吧！

踏遍莲华又几峰

一九八四年，慧礼法师曾蒙佛光山常住派任，前往韩国留学。这是他人生另一个新的开始，他有几分期待。

踏上韩国的第一步，他直觉非常熟悉，想要借由韩国佛教，追溯中国古代的禅法，亲见往日的祖庭风光。

从禅堂参禅，乃至四处行脚参学，他完全将自己融入韩国的生活世界，穿衣、礼拜、仪式，都按照韩国的规制。他也讲韩国话、吃韩国菜，受到韩国比丘粗旷、直率潜移默化的影响，所以当时他被称为“韩国和尚”。

在韩国时，他宛如行云流水，独自忽南忽北，游方的启发，似乎开拓了他的内心世界。他深深体会：“佛法不离世间觉，若要证道出世得般若，必须历经人间诸事，否则无法激发内在的潜能。”

经过半年，星云大师希望他返台，协助建寺。原本计划在韩国留学的他，不作二议，立即束装踏上归程。于是，他又继续负责工程的重任。

此外，他为了常住的任务，曾到马来西亚、澳大利亚、新西兰、美国、墨西哥、日本、中国大陆，乃至非洲，走遍天涯海角，眼界大为拓展，于是更加体念众生需要佛法，他的慈心悲愿也更加增长。

第四篇

前往非洲

我对非洲是一无所知的，也不知从何处着手，既然下定决心，就只有咬着牙向地球的另一端前进！就像有一首歌叫《小草》，他的歌词这样写着：

大风起，把头摇一摇，
风停了，又挺直腰；
大雨来，弯着背，让雨浇，
雨停了，抬起头，站直脚；
不怕风，不怕雨，立志要长高，
小草，实在是，并不小。

在苦难中的人，对幸福不敢冀盼，能得到一丝丝的祝福，就能感到满足而喜悦；相反地，在幸福中的人，往往遇到一点点挫折，总是怨天尤人，即便有很多人伸出关爱的手，给他温暖，然而他依然无法掩盖自己的忧伤与烦恼，更无法感受到自己是一个多么幸福的人。

千百年来，非洲一直是个佛教沙漠，那一片原始莽原，不曾种下佛教种子，开出佛法枝叶。在那一片苍茫大地上，土著与野生动物是大地的主人，人、动物与大自然共生，提炼出原住民原汁原味的特有图腾信仰。

随着欧洲军舰、商船的登陆，基督教、天主教的上帝也登上了非洲大陆。现今，大部分地区人民的宗教信仰仍以基督教、天主教、伊斯兰教、犹太教为主。

从非洲现在的宗教信仰现象来看，佛教在非洲似乎是缺席的，然而根据历史记载，佛教曾经试图登陆过非洲大陆。

第一次是两千两百多年前，阿育王时期，当时笃信佛教的印度阿育王，曾派遣佛教僧侣向外弘法，这些高僧经陆路由印度、巴基斯坦、阿富汗、伊朗、沙特阿拉伯、埃及，用双脚把佛教带到非洲。可惜的是路线拉得太长，又跨不过当时的天障撒哈拉沙漠，因此，未能成功地将佛法弘扬开来。

第二次则是在约六百年前的明朝郑和七次下西洋时期，其中一次曾经到达非洲东岸，在索马里登陆。虽然，此历史事件仍在考据中，但是在索马里发现有包括佛教在内的中华文化遗物，可见当年确实曾有中国佛僧踏上非洲大陆，可惜后援不继，佛教再度淹没于这一片莽原之中。

在近代佛教中，一九二〇年，斯里兰卡佛教来到了非洲东岸的坦桑尼亚，当时坦桑尼亚发现了宝石，英国人就透过东印度公司，从斯里兰卡进口了五百位工人到坦桑尼亚来做宝石开采及切割的工作。因为斯里兰卡是佛教国家，五百位工人配属了一位出家人做宗教师一起到非洲，现在坦桑尼亚首都达累斯萨拉姆有个斯里兰卡的南传佛教中心，百年来已经换了十二任住持，但斯里兰卡的出家人没有把佛教传给非洲人，而自成一格，成了非洲的斯里兰卡佛教，只有在坦桑尼亚的斯里兰卡人信仰佛教，没有办法落实非洲佛教本土化。

一直到一九九二年四月一日，慧礼法师遵循师父星云大师“佛光普照三千界，法水长流五大洲”的心愿，搭机来到莽莽草原，踏上非洲南端南非的国土，才又接续起佛教在非洲的历史。

在历史上曾经有四个时期，有佛教传入非洲，却都因为文化的差异和环境的不允许而消失。这注定两千五百多年后，佛教要第五次远渡非洲。

普遍信仰基督教的非洲人，视慧礼法师为异类，基督教徒甚至到工地四周举行驱魔仪式，说他是外来的魔鬼……

勇往直前到非洲的和尚

“做梦都不曾想过，我会来非洲弘法。”慧礼法师提起这段因缘，娓娓道来：

印象里的非洲，就是黑人、蛮荒、战乱、原始、落后和许多的野生动物奔驰在大原野上，似乎那是一个很遥远的地方，一个事不关己的大陆。然而，菩萨给我“劳其筋骨，苦其心志”的功课，从我出家的那一天起就开始了。

回忆一九七八年决定出家到一九九二年我决定前往非洲弘法，整整十四年的出家生涯里，每天睡醒就开着大卡车，处理佛光山全山的垃圾清理工作，处理完毕，就上工地工作到晚上，才摸黑回到寮房中睡觉。一袭短挂，一成不变的工务生活，十多年来的磨炼，也许这就是我有因缘到非洲，最好的行前教育吧！

在佛光山出家的日子中，很多人难以想象我的生活，几乎没有上过早课晚诵！想要有上殿课诵，仪轨修持的机会，还真是难得的奢求。经年累月都是奔波在道场工程建庙盖庙的工地上，或许是宿命吧！这种放诸四野的参学与历练，也是另一种回归野性的修行，目的就是学习如何到非洲弘扬佛法吧！

一九九二年三月八日是我修行人生的另一个转折点，当台北的惠安公司引荐南非布朗贺斯特市议会议长汉尼博士到台湾佛光山，拜访星云大师，带来了一份赠地契约并举行一场赠地仪式。随后，星云大师在“佛光山宗务委员会”会议中征询所有在场的弟子们，有没有人愿意前往非洲弘法。当下，现场一片寂然，没有人愿意发愿前往。当时我的内心里虽然有一秒钟的挣扎，但是一想：“大师发愿要让佛光普照三千界，法水长流五大洲，眼看亚、美、欧乃至大洋洲都相继有了佛教道场，唯独非洲仍未蒙佛教甘露。”于是，我毫不犹豫地举起手来，表示愿意前往非洲。

我对非洲是一无所知的，也不知从何处着手，既然下定决心，就只有咬着牙向地球的另一端前进吧！就像有一首歌叫《小草》的歌词一样：

大风起，把头摇一摇，
风停了，又挺直腰；
大雨来，弯着背，让雨浇，
雨停了，抬起头，站直脚；
不怕风，不怕雨，立志要长高，
小草，实在是，并不小。

在苦难中的人，对幸福不敢冀盼，能得到一丝丝的祝福，就能感到满足而喜悦。相反的，在幸福中的人，往往遇到一点点挫折，总是怨天尤人，即便有很多人伸出关爱的手，给他温暖，他依然无法掩盖自己的忧伤与烦恼，更无法感受到自己是一个多么幸福的人。

一只单飞的笨鸟

一九九二年三月三十一日是我第一次前往非洲的日子，飞行十四个小时，抵达南非约翰内斯堡。一下飞机来接机的惠安公司驻南非办公室琳达小姐，见到我第一句话竟然是："我以为会来个老和尚，没想到佛光山派了个年轻的和尚来！"我当时心里想着："没错，真是一个老和尚，寺庙建好之后，就是个老和尚了。"现在回想起来，建庙不到数年间，我早就白发苍苍了。

整洁宽敞的高速公路，及两旁大漠荒野的非洲气息，让我心情为之轻松不少。自认为在非洲拓荒建庙弘法一定能得心应手，没有想象中困难。等到琳达带我到南非政府赠送的土地上实际去观察之后，我冒了一身冷汗，到今天我都依然印象深刻。我们站在两条公路交叉口的高架桥上，顺着琳达手指的大片草原放眼望去，"市政府赠送的那片地就在那里！"只有方向，没有目标，只能用张望的，还不知道正确地点在哪里，可以说那是一个完全没有开发的大草原。

对我这只天不怕地不怕的笨鸟来说，非洲建庙计划，就在这一指当中正式展开了。在这片大草原上，我幻想着一座庄严肃穆的梵刹，缓缓地从地底下涌现，万道光芒四射。然而那只是一霎时的梦想，有谁知道往后的路，却是万般魔考纠缠力竭。

我深深地了解在人生地不熟的南非，要筹款建庙，等于是天方夜谭，根本非易事，也唯有引进台湾信徒的投入，让更多人来参与，才有成功的可能。

当时南非与台湾有着深厚的情谊，也欢迎台湾移民。入境南非免签证，只要少少的移民保证金，就可以取得身份；有方便的直航班机，简易的移民和入境通关，倒是吸引了不少台湾人入驻购买土地移民，当然他们也是因为有佛光山的建寺院计划。

在这过程中，我饱受讥评，但我总是不以为意，认为：“好事总多磨，希望这些蓄意的批评只是琢磨钻石的过程。”我很清楚整个事情的布局，向来处事不愿二分法，希望事情能在圆融中得到解决。就如钻石是多面的，从哪一面看都是正面的。唯有每一面看都是正面，才能绽放光芒，成就钻石的宝贵。但是要每一面都是正面的，并不是天生成就，而是要经过一番琢磨。就此我将建寺计划，做为精刻钻石的功夫，让每一个参与的人，都能成为正面的。

八十年前的预言

一九六三年，布朗贺斯特镇一位九十九岁老人，在家人为他庆祝生日的宴会上，突然想起什么事似的问着子孙：“那个‘异教’的寺庙（Heathen Temple）是不是盖在布朗贺斯特镇？”在场的每个人听了都很诧异，问他从哪里来的怪问题时，老人回答：“Seer Van Rensburg 在几十年前就预言说，一个‘异教’寺庙会盖在布朗贺斯特镇……”

这本 *Words of Prophet* 系作者 Adrian Snyman 收集了一些著名预言家的预言，其中有名预言家 Seer Van Rensburg 在一九二〇年所做的预言，书中明白写着：“七十年后将有东方人在布朗贺斯特盖佛教寺庙。”有时间有地点的预言，如今印证起来，实在令人相当惊讶与震撼！

慧礼法师于一九九二年第一次到布朗贺斯特时，有当地人拿着那本书指给他看，由于是用阿斐利康文所写，慧礼法师没有太注意。直到后来市议长汉尼博士也提及此事时，慧礼法师才渐有印象，无形中对佛教传入非洲更具信心，在他日后遭受种种横逆时，无疑是精神上的另一种鼓舞力量。

注意此事的还有一位克鲁格教授，他是澳大利亚南澳大学宗教系主任，他读到这段预言时，一直很好奇其真实性。对他而言，佛教是一种很遥远的古老宗教，虽然盛行于东方，但有出家人到这没有佛法的国度盖大庙，显然是不可能的事。况且还是盖在偏远的布朗贺斯特小镇上，更是天方夜谭。

不过，这份好奇却一直挂在克鲁格教授心中，因而也特别注意布朗贺斯特镇的脉动。一九九六年，当他接获有东方的法师到布朗贺斯特镇的消息时，赶紧前往一探究竟，就此与慧礼法师成为好朋友。日后，非洲佛学院成立，慧礼法师也邀请克鲁格博士为佛学院的顾问及授课老师。

非洲大地上的诵经声

回首来时路，慧礼法师回忆着：

“观自在菩萨，行深般若波罗蜜多时，照见五蕴皆空，度一切苦厄……”

一群群有着黑亮亮皮肤，穿着灰色袈裟的非洲出家人，跟着我在碧蓝的晴空下双手合十，虔诚地诵念着《心经》，诵经声在这块非洲辽阔的天地间回荡着，清风缓缓袭来，雄伟的中国式大雄宝殿，衬托在一望无际的荒漠上，每当此时我都有一种奇妙又深刻的感动。

在南非建南华寺的那几年（一九九二——一九九八），为了工程能顺利完工，我常常带领着大家一块诵经祈愿，希望所建立的第一座代表中国佛教传法到非洲的寺庙，能如期完成，让佛教能在非洲长远弘传。南华寺就是在失望与希望间、在停停盖盖的过程中陆续完成的，在施工期间几度面临工程款难以为继的窘况，不得已在负债的情况下，停工一年。待募款足够后，才又开工继续筹建，那些年被人追债的心情，绝对不输企业人以前跑银行的痛苦。

建庙时不但经费来源是很大的问题，非洲华侨总共也才五万多人，再多募款也是无以为继的，非常需要台湾人的发心与爱心，然而这些都是可以想办法来克服的。

建寺庙之初，不但当地白人抗议，黑人痛斥是撒旦邪教，连中国人也反对，当然他们是因为对佛教的不了解。而我认为佛陀建教两千五百年来，首次传法到非洲，这些质疑、迷惑或抗议都是必然的。

例如刚到南非不久，就遇上了布朗贺斯特镇教堂的牧师，带领学生及群众走上街头抗议佛教在该镇建立寺庙。南华寺盖临时佛堂时，教会人士更是成群结队举着十字架绕场，似乎在驱魔，仿佛佛教徒是魔鬼，要赶走我们。盖山门牌楼时，又是一群人结伙而来，拿着十字架在刚灌好的水泥柱旁静立祷告。离去时，在每根柱子的底部立上小十字架，上面用英文写着："我们是唯一的真理"。

也曾有基督教徒登门造访，开门见山地说："我们反对偶像崇拜，请你们赶快离开。"我回答说："佛陀又不是歌星、影星，又不是猫王什么的，怎么可以说是偶像呢？”

抗议的方式各式各样，有人甚至在英文报纸上说“慧礼法师是‘毒草’是‘狗屎’，来这里散播可怕的宗教”。也有黑人很粗鲁地对着我咆哮：“回去，中国人，这是我们的领土！”尤其，在一九九四年的总统大选前，黑人甚至恐吓说：“等曼德拉先生当选总统，我就清算你们的财产。”不一而足的逆境，排山倒海而来。

十年后的今天，在十方大众的支助及广大信徒的护持下，约翰内斯堡（简称约堡）东北郊八十公里的布朗贺斯特镇已兴盖了一座具有中国建筑特色、庄严宏伟的道场——南华寺。南华寺不仅成为当地华人的信仰中心，更度化了无数当地民众。

我总认为文化和信仰是全人类所共有的资产，每一种宗教都有权利发扬教义，让全人类了解和接纳。包容各种宗教文化的大花园，才会更显得美丽。

宗教是可以分立的，但是绝对不能对立。我常常对信众们说：“人从出生的那天起，就是外来的。我们不可能生生世世是台湾人，我们要学西方人拓垦的精神，到异地来，不只是赚钱做生意，还要将中华文化在当地好好传承下去。”这是我的初衷，一路走来始终如此。

一直到今天都有这种感觉：“尽力以后，也就没有得失挂碍。若没有尽力，就会有遗憾。”来非洲弘法已将近二十年了，初来的那几年，真是跌跌撞撞，困难重重！但无论如何，对我而言，就是完成了非洲弘法中心——南华寺在南非的建立，让佛法正式在非洲落地生根以及推动非洲佛法本土化为我一生的职志。如果我这一世无法完成，我立下五世轮回做非洲和尚的誓约。对我个人而言，这是我的宿缘，也是我累世的使命吧！

找到失散的兄弟

一九九七年五月（摘自慧礼法师手稿）

有一天，在布拉柴维尔的旅馆里，一位黑人服务生向我走过来，并对我说：“师父，你好，你什么时候过来的？”

我愣了一下，问他：“你怎么会说中文？”

他说：“我是本机啊！”

我才想起来，他是当年我在建盖南华寺时期从非洲佛学院被退训的学生，对于他，我心里有说不出来的抱歉。因为那时候我正出车祸在疗伤当中，没有负责学僧的招生及培训工作。当我发现在这过程中学僧在学习和沟通上，和一些管理的主事者产生问题时，虽然想办法做亡羊补牢的工作，但为了尊重主事者，也只能遗憾了事，让学僧退训。

看到他，不禁让我回想起在非洲推展佛教本土化的心路历程。

“以文化弘扬佛法，以教育培育人才”这是我来非洲弘法的理念，要扩展非洲佛法本土化，成立非洲佛学院，训练非洲本土的出家人，由他们自行推展非洲本土的佛教，我不希望百年后非洲的佛教只停留在“非洲的中国佛教”。

然而，刚来时，有如瞎子摸着石头过河，毫无章法可循，于是选择到刚果、坦桑尼亚招收学僧。当时的考虑是：我要以南非南华寺为非洲佛教中心，发展方式参仿麦克阿瑟将军的跳岛战术。西部非洲以刚果为发展重点，东部非洲以坦桑尼亚为发展重点。期望由此能发展成功，扩散到非洲五十三个国家，让六亿人口能受佛法的熏陶。

每当我在这两个国家招学僧时，不知为什么，对这些非洲学僧，我总有一种像是找到自己曾经失散兄弟下落的熟悉感。他们似乎在过去曾经和我一块修行，失散后，现在又被找回来了。全身透黑皮肤的学僧，他们好像是在无数次转世轮回里，历经艰辛，受尽折磨，此生此世又落难非洲，如今仰仗佛光法缘，总算历劫归来，重回佛陀座前。

在福田种玉米

"哇！好大的玉米，黄澄澄、香喷喷的，真好吃"。二月正是南非玉米的盛产期，南华福田种的玉米，长得像大人的手臂一般粗，几乎是台湾玉米的三倍大，难怪每一位吃到福田种的玉米的人都赞不绝口！

初来非洲，面对这一片荒漠的大地，心底的感受，不只是寂寥而已。这一片大地，一望无际，没饮用水没照明电，真不知要从何做起。幸而，后来公共设施弄好了，南非政府又把

祝福语：我叫董德，今年1岁，愿和ACC的小伙伴一起茁壮长大。佛法照耀滋养我们，长大后我们也要弘法利生！感恩。——董菁、董德

二十四公顷土地送给我们，我们才能在摸索中规划着远景。

在南非化缘是很不容易的事，要立足就要有“取之非洲，用之非洲”的观念。我们买下农场和土地，用这福田种菜、种玉米，自给自足，我认为福田是推动非洲佛教的经济命脉。现在非洲佛教要靠台湾信众捐助，但是世事难料，台湾佛教目前是很兴盛，但也许将来会有衰危的一天，说不定到时候，还得把非洲佛法传回台湾呢！

南非一带都是半干旱草原区，居民都以农牧业为生，福田四百二十甲（约合六千一百亩）地，已开发一部分，作为菜园和玉米田地，不但供应道场学僧所食，还可以出售。南华寺要成为非洲佛教的洲际道场，募捐之外，经济一定要先独立。而经营农场，就是为了佛教要立足非洲的长远打算，一想到未来非洲佛学院上千学生的衣食温饱问题，经营农场已成为我落脚非洲以求自力更生的必要之举。

农场内，一片绿意盎然的农作物正迎风招展，刚收割的小麦田，改种了玉米，玉米正抽出嫩芽，在翻松的泥土中争着露脸。绵绵的细雨及时为这些新生命沐浴净身。站在田埂上，呼吸着玉米田里洋溢着的生活的快乐和新生的喜悦，不禁感动得热泪盈眶。

布施的人，最有福报

在非洲，刚开始建庙弘法时，阻碍重重，常常被人误会责难，认为佛教是一种邪教，还向我大声叫嚷：“撒旦！滚回去。”引起信众的不安。但是我总是告诉信众：“给他们信心。佛教是一个包容力很强的宗教，信众可以坚持自己的信念，但是也要学会尊重他人的信仰，胸襟开阔。上教堂接纳其他的宗教，就如同一座大花园，园里开满了不同的花朵般。”信众都能感同身受地接受。

虽然在筹建南华寺的几年中，经费一直不足，盖盖停停，完工期永远都没有一个准，但是帮助老弱残贫的喜舍工作，从不曾停滞。再怎么困难每年两次的赈济活动都要进行，有时是到附近十多个黑人村落里挨家挨户发送玉米粉、衣服、毛毯、果汁、食用油等生活日用品，让初沾佛法雨露的黑人朋友能同享法喜。

为了敦亲睦邻，打破宗教间的藩篱，我常常带领着信众，拜访地方上各个教养院，提供物质帮助给需要帮助的人及团体。南华寺附近有一间由罗马天主教会所办的残障教养院，里面收容了一百多位肢体残障的孩子。我们每个月要送一千公斤玉米粉和一万元南非币现金（约五千五百元人民币）给教养院。我对神父说："佛教和天主教虽然信仰上不同，但是爱心是相同的，照顾残障人士，也是在行菩萨道。爱心不分宗教、国籍，我们佛教徒虽然无法亲身照顾残障孩子们，但是可以贡献出微薄的财物以代表我们的诚心。"

神父非常感动，看到那些重症的无脑儿、重度残障孩童，我们心里的痛都是一样的。

神父希望日后还能有能力收容更多的贫困孩童，我们也表示希望这样的支持会是长期性的。"请为我们祈祷吧！"神父如此请求着，我带领大家双手合十唱诵《心经》，而神父眼望耶稣圣像，默默祈祷着。虽然彼此的宗教是不同的，但是爱心却是一样的。

我和信众在每次的赈济爱心活动中，都深深地体会出“施比受更有福”。在参与的过程中，每一个人的内心里，都充满着无限的温柔、宁静及欢喜。

祝福语：阿弥陀佛，万德洪名，祝福ACC的小朋友们快乐成长！幸福美好！——闻敏

第五篇

鬼门关前的常客

一九九六年四月四日，慧礼法师到非洲的第四年第四个月的第四个礼拜的星期四下午四点在南非第四号高速公路发生严重车祸，车子在滂沱的大雨中翻滚一两百米，弟媳罹难，弟弟满脸是血，生死不明，自己手筋脚筋俱断。为了不损信徒的供养功德，为了攒积建寺工程款，他忍伤挨痛，把沾满血迹的钞票一张张捡回来。

在非洲，疟疾跟感冒一样普遍，只是因为医疗资源的欠缺和卫生环境的关系，染上疟疾，就如同走一趟鬼门关。而长期在非洲行脚的慧礼法师，感染疟疾，似乎是不可豁免的事。在他二〇〇一年一月的手稿中，有一段描述患疟疾的情形：

今天胃部一直不舒服，常备的胃药，平时吃了有效，今天连续吃了几次，老不见效，精神上有点不济。匆匆赶路到马拉维湖边看到像海一样的大湖，滚滚浪花拍岸，虽然是个湖泊，但感觉上像个大海。

身体体力不济，时间不足，所以只看了大湖一眼，草草吃了中餐，又赶回首都了，一路回程，昏昏欲睡。

十三日早上，疟疾正式发作，晚上，疟疾的症状愈来愈明显。加了衣服，仍然觉得很冷，只好抱胸行动。回到旅馆，冲了热水澡后，准备闷头大睡，但汗湿了的衣服仍然是冷。起来换了衣服再睡，有时又有烧烫的感觉，真是折腾。

朦胧迷糊做了个梦，梦魂回到了佛光山，真真切切的场景，碰上了慈惠法师召唤我问话，她说："你怎么一直在过问佛光山的工程？"我顿了一下说："从七年多前派我到非洲弘法，佛光山的工程我就完全放下了，不曾过问。现在的海外道场有找我帮忙的，我只作规划图和建议。"说着说着我醒了过来，直觉地看看隔壁床的马老师，仍然睡得沉沉的，否则梦中说呓语，可要惹得他发笑了。

辗转反侧，难以入眠，就想着刚刚的梦境：

一、身体虚弱、精神耗弱所以容易发梦。但还好，此时能晓得魂归佛光山，将来一旦一命呜呼时，我想也能在路归还家时，先回佛光山向大家说再见！

二、“碰上慈惠法师的质问”这是内心深处，怀念十余年前，佛光山尚未发展成这样的大局面，慈惠法师当时任都监院院长时，巨细靡遗地关心着佛光山的每一件事、每一个人。在那时，偶尔出差夜归，仍受到关怀，这种受到关怀而感念的心，在梦境中发酵。

十四日早上，赴医院检验证实得了疟疾。十四日下午，回到约堡，张（宝池）居士到机场接机。回到工作室，急急切切洗了个热水澡，准备蒙头大睡，但身体一直感觉到冷，就把棉衣棉裤给穿上了，还是冷。盖上大棉被，仍然是冷。只好把冬天的暖炉也搬了出来。开了暖炉还是冷，折腾应付，但有时又全身发烫，在体内闷烧的感觉。

从十二日疟疾发作，但当时仍不知是疟疾，只以为是偶发性的身体不舒服。这当中的症候，有头痛发烧、忽冷忽热、筋骨酸痛、腹泻呕吐。直到十四日早上，由“大使馆”罗秘书陪伴，到医院检查验血后，才证实得了疟疾。

刚好张居士的儿子在工作室挂单，劳驾他送我到医院检查。张居士的儿子以移动电话联络台湾移民到南非的许氏（宏达、宏群）兄弟。他们刚从医学院毕业，两兄弟都在医院实习。通过他们的帮忙，十四日晚上就住进医院观察。

第一次得疟疾，但心理上早有准备。要在非洲行脚，早得晚得总是要得。过去一直侥幸全身而退，这次终于中箭落马。马老师笑着说："要做个非洲人，不得疟疾是不算数的。"总以为多吃辣椒可以排毒，多吃香蕉保卫生，但是辣椒和香蕉，也保证不了不得疟疾。

在医院躺了两天，十六日下午出院，烧退了，精神也恢复了。回想前几天，病情发作，心情沉闷，做什么事都不对劲，现在一出院又是浑身是劲。虽是一身劲道，但心里想着："人命真是脆弱，一只小小疟蚊，就给摆平了！"

惊心动魄的死亡车祸

一九九六年，南华寺普贤殿落成典礼前夕，慧礼法师在南非发生车祸，曾目睹那车子扭曲变形的人都说："车子撞成这样，能活命真是不可思议。”

那天中午，慧礼法师与一团台湾信徒，在大峡谷附近的一家餐厅共进午餐。担任导游的林瑞祥，看到慧礼法师对普贤殿的落成，不但毫无喜悦之气，反而仿佛有一股忧虑，觉得甚为怪异。曾建议慧礼法师坐大巴士与信徒结法缘，自己开小车送慧礼法师的弟弟及弟媳到机场，可是慧礼法师不想麻烦别人，决定由自己接送家人。

慧礼法师发生车祸的时间是下午四点，一个多小时后，林瑞祥带团的巴士也经过现场，远远看到一部与慧礼法师所开相似的车翻滚下崖。林瑞祥很紧张，一直告诉自己那不会是慧礼法师的车子。可是回到南华寺，就得知车祸的消息，林瑞祥为此伤心、自责不已：“如果当时我坚持开小车，慧礼法师就不会受伤了！”

那次的车祸据说是机械故障，慧礼法师却透露了一个奇妙的梦境：普贤殿快落成时，他面临“到此就好”或“继续盖下去”的艰难抉择。大部分人认为有一个普贤殿就够了，别再大费周章盖大雄宝殿，何况，经费还没下落。

慧礼法师内心很挣扎，他曾发愿盖大雄宝殿，作为佛教“法传非洲”的历史定位。并期望星云大师到南华寺传授“三坛大戒”，这是非洲佛教“建立戒法”的重要标志。

但是，面临现实的经费问题，以及本山的不同意，几经考虑后，于一九九六年四月三日动起了“到此就好”的念头。谁知当夜，就梦到南非的众生埋怨他说：“你发愿盖大道场，现在怎么又不盖了？”第二天，车祸就发生了。

事后，慧礼法师回顾车祸前一天的心情，在日记中写道：

一九九六年四月四日，刚好是我到南非第四年的第四天，四月四日、星期四，下午四点，在四号公路上发生重大车祸。

三日晚上，睡觉时已有强烈的预感，一夜辗转反侧，难以入眠，很强烈地要爆胎的念波缠绕着我，四日上午出发上路时，还莫名奇妙地反复出现“爆胎”的念头，总是不自觉地要去检查轮胎，但是我还是上路了，是酬偿业报？还是赶赴刑场？人生在世，好事坏事，就是这么回事了，因此就出发上路了。

普贤殿落成典礼，自医院偷跑出来的慧礼法师头缠绷带，手臂打着石膏，站在台上主持落成仪式。下台时，本身是中医师的林炳昌说：“我就坐在师父后面，他手臂受伤的地方，传来夹杂着香水气味的腐臭味。”原来慧礼法师用信徒的香水喷在溃烂的伤口上。

慧礼法师在南非车祸受伤后，并没有停下脚步休息治疗。台南杨铁田督导的女婿是外科医生，他为慧礼法师做检查，发现慧礼法师受伤的左手臂筋脉已开始萎缩，必须马上住院，他愿意为师父免费治疗。慧礼法师却笑着婉拒了。因为他担心：“我去住院一个月，那后面的事怎么办？”

置个人生死于度外

负责当时南华寺财务的李师姊感伤地说：车祸发生后，慧礼法师打来电话，说的不是他受伤的事，而是他在医院里，那个月的工程款恐怕不能筹足，请她想办法调度。她接到电话赶到医院，慧礼法师拿出一包钱交给她，纸钞上血迹斑斑。原来，那都是信徒的供养。车祸时，纸钞散落四处，慧礼法师在现场一张张捡回来的。

李师姊痛哭失声地接过那包钱，想到慧礼法师遭受大车祸，心里所系竟只是南华寺的工程款。试想车子在滂沱大雨中翻滚一二百米，弟媳罹难，弟弟满脸是血，生死不明，自己手筋脚筋俱断。为了不损信徒的供养功德，为了攒积建寺工程款，他当时是如何忍伤挨痛，把沾满血迹的钞票一张张捡回来的？

慧礼法师心中想到的是南华寺，是法传非洲，是星云大师“人间佛教”的实践，至于个人生死，他早已置之度外。他想：“几次大难不死，是佛菩萨还有事要我去做。”尽形寿，献生命，慧礼法师已经将五世的生命献给了非洲。

卸任南华寺

历经十年的岁月，第一座坐落在非洲土地上的大乘佛教寺院南华寺终于落成。十年来除了建设、创办佛学院，贫困救济，捐赠轮椅，认养艾滋遗孤……从教育、慈善，一点一点为法传非洲的梦想奠基，十年后第一阶段的据点南华寺落成，他依循佛光山世代交替的制度，交出他一手创建的南华寺。佛光山体恤他的辛劳，希望他回台湾佛光山休息，他却一心挂念在非洲各国的遍地孤儿，转身又走进马拉维，开始建盖第一座孤儿院。

一九九六年四月六日，南华寺信徒会馆及普贤殿竣工之后，慧礼法师开始了另一个更艰难的任务——启建大雄宝殿。

南华寺大雄宝殿的工程紧接着普贤殿而动工，其工程款远大于第一期，从一九九六年到二〇〇一年四月，慧礼法师穿梭台湾与南非两地募款，甚至东南亚也都有他辛勤的足迹。

对于卸下住持职务一事，慧礼法师的手稿（二〇〇〇年四月）有详细的描述：

三月一日早晨回到南非。这一次回到南非，感觉很另类，得到特别多的关怀。原来南华寺换住持的消息已经传扬开了，我一直以为常住只通知我和接任的法师，等师父上人来南非时，才宣布让信徒知道，哪晓得这消息好像已经昭告天下了。

这事我一直把它当秘密，就等师父上人到南非时再揭开，所以一直守口如瓶，没有告知南华寺，也没有跟信徒提起。但是这些天来，台湾的信徒总有些人会很神秘地透露这一讯息，要我心理有所准备。信徒总以为我卸任住持会很伤心，我也只好时时为他们解释，是佛光山的法师，谁接任，谁卸任，没有忧和喜的问题，只有责任担当的问题。

我说，假如我不是佛光山的法师，自己募款创建道场，那么所创建的道场，就像五指山，我就如孙悟空，被镇压在五指山下，永世不得翻身。今天我有幸为佛光山的法师，会有其他法师来担当道场的责任，我就可以继续闯荡江湖，开拓天地。

今天回到南非，南华寺换住持的事，一直是大家关怀询问的焦点，……大家一直好奇要知道我调到哪里。我说，就在非洲，往北前进，下一站是马拉维，一直到埃及。另一个问题就是关心大雄宝殿的建筑问题。我说：美国西来寺、澳大利亚中天寺、南天寺、巴西如来寺，我都跨洲去协助了，何况是在非洲建寺，我一定协助到底。

在机场就有信徒追问，回到约堡讲堂又来了很多信徒关心，还真有信徒以为我不当住持会受打击，会怀忧丧志。大家你一言他一句地，问这问那，我只好要大家坐下来，把话说开了。本来是刻意隐瞒的事，现在只好当众表白了。

来自比勒陀利亚的梁老师问："听说佛光山并不支持您盖大雄宝殿，您为何一定要盖？"

我说："这也只是听说，假如是真的，这是另类的关怀和考验。第一是关怀，佛光山积极推动文教事业，目前的佛光大学、佛光卫视、人间福报都需要资金，所以无法支持非洲的建寺。佛光山不要信徒太多的负担，也不希望我面对太多的困难，所以不希望在非洲发展太快、太大，并不是反对在非洲建寺。

"第二是考验，南华寺是非洲第一座大乘佛教寺院，历史定位就此确立，是开展非洲佛教的据点，是一种千年万古的佛教事业。所以在化缘募款的意义上，除了募集资产以外，更要积聚万人的心力、念力、愿力，所建成的寺院才可长久，才能与日月争辉。"

郑会长问说："佛光山不要您太快，也不要太大，是否您真的动作太快太大了？"

我说："佛光山如是说，很多人如是说，但当我在刚果、坦桑尼亚、马拉维等地招生，我只要五位或十位学生，来报名的总有数百位，怎么会太快了？

“我在马拉维，参观台商投资的牛仔裤工厂，里面数千位员工全是年轻男孩子，看着这些年轻的男孩子在剪布、缝布，工厂外面还有数百位等着应征。此情此景，给我的启示：非洲不怕没有人学道。

“还有，马拉维七百万人口，却有六十万孤儿，假如我们办孤儿院，养一千位孤儿，将来要六百位来修行学佛。在那种环境，没有明天、没有未来，修道就是最好的解脱选择。所以我觉得，在非洲有计划、有制度地发展非洲佛教，一百年或三百年后，全世界修行人最多的地方是非洲，世界佛教的重心也要转到非洲来。”

郑会长又说道：“我还是觉得您把南华寺建设得太大也太快了！”

我说：“您跟大多数人的看法是一样的，第一，以华人为中心的观点。建寺的需求以华人为中心来考虑，踩着华人的线，以华人为主要助缘的想法。我就以西来寺为例，十余年来，西来寺弘法的工作和圈子一直兜着华人转。这样下去，一百年后、二百年后，要来检验美国佛教，会发觉美国佛教是美国的中国佛教，而不是美国佛教。只有住在美国的中国人信仰佛教，而美国人不信佛教。

“假如您一样以华人为中心来看，南华寺没有必要那么大，因非洲华人大约只有十多万人。但南华寺以非洲人为主要信仰市场，积极推展非洲佛教本土化，将来非洲的修行人和信徒不可限量。我刚刚说过，常住派我来建寺，历经九年，仍无法完成大雄宝殿，这是遗憾也是惭愧的事，所以我即使不在位，也会想办法继续完成它。而且，这是对佛陀的承诺，也是对信众的责任，我不会因卸任而逃避。”

如同他自己的承诺，慧礼法师没有因为卸任而离开非洲，反而协助大雄宝殿的完成。之后，转身进入他的第一站——马拉维。

第六篇

给孩子一个家

我随手抱起一位行动不便的四岁小孩，管理员对我说："这孩子不是先天性行动不便的，孩子被送来时，已饥饿过久，因为营养失调，而造成手脚麻痹，无法站立及走路。"

另一位五岁的小孩，父母亲已因艾滋病先后过世，小孩子也染上艾滋病毒，一般感染这种病毒的孩子活不过两岁。

在非洲的第一个十年，慧礼法师在南非建立"南华寺"，这十年他与非洲结下了不解之缘。毕竟十年生死，血汗点滴都落在非洲大地上，深入了土地，长养了感情。因此，当南华寺落成，佛光山体恤他长年的辛苦，希望他卸任后，回台湾好好休息，他却一心挂念那群在"黑暗大地"上流浪的孤儿们求助无依的眼神，日夜辗转难眠。于是，他不顾师兄弟和亲人的关心召唤，转身走进更深入的非洲，来到纯朴的马拉维，创办他理想中的孤儿院——“阿弥陀佛关怀中心”。

这是孑然一身的行程，这一次，连当年第一次到南非时，常住给的五十万都没有，有的只是一念悲心和一份坚持。

和马拉维的缘分，起源于二〇〇〇年，慧礼法师出访并捐赠轮椅给马拉维政府，期间也探访了多所孤儿院。当下即强烈体会到，孤儿群体正等着给予帮助和照顾，由于总统夫人支持并承诺捐出土地，因此才有了建立孤儿院及技能职训中心的构想。

为什么会选择位于南部非洲的马拉维为深入非洲的首站，慧礼法师回忆说：

我在非洲第二个十年，计划慢慢移向中非、北非，第一站锁定马拉维，这是一个因缘实现的地方。

我常想，佛法如能在非洲发扬光大并茁壮，是可以拯救这些国家的人民的。佛家讲不邪淫，倡导拒绝非正式婚姻下的不正常男女关系，在非洲性关系是开放、杂交的，不伦到处都是，所以罹患艾滋病的人比例相当高。

 祝福语：茅鹿门云：人生在世，多行救济事，则彼之感我，中怀倾倒，浸入肝脾。何幸而得人心如此哉！

据了解非洲由于性的泛滥，以致艾滋病病毒带原者和死亡率，都呈现大幅度上升的趋势。非洲有十个国家的感染率超过百分之十，仅南非一个国家，就有五百万艾滋病病毒带原者，每年有二十五万人死于艾滋病，全国有百分之十以上的人口是艾滋病病毒带原者。

艾滋病已成为该国最重要的问题，直接影响到国民生计，以至于南非总统不得不亲自出来号召大家使用保险套，预防艾滋病。尤其是乌干达，全国有百分之四十人口是艾滋病病毒的带原者，真可谓是灭顶亡国之灾。性关系混乱是造成这场灾难的一个重要原因。

而在马拉维这个国家，人口一千三百九十三万人（二〇〇八年六月统计），出生率很高，但罹患艾滋病的人口，竟也高达百分之十四点二，国人平均寿命只有三十六点九岁。在这个国度中，没有老人问题，只有孤儿与医疗问题。我曾经翻阅非洲官方记录，发现未来如果官方不做预防观念的推广与改变，有些非洲国家，最后可能因为艾滋病而毁灭。

一个教堂比酒吧还多的国家

二〇〇〇年一月（摘自慧礼法师手稿）

马拉维是个教堂比酒吧还多的国家。一九九五年起和我马不停蹄到非洲各个地方招募学僧的马斯道老师，是这因缘的牵引人（这是一位到非洲做艾滋病防治宣传工作的美籍人士，精通中英文，后来出家，法号本仙，马拉维阿弥陀佛关怀中心创办的最大力量和投入者即是马斯道老师）。

当时马老师有一位从事医疗器材买卖的朋友，生意做遍非洲各国，得知马老师在非洲佛学院教书，也在招募学僧，就建议说："马拉维人过的生活就像是修道院的生活，当地教堂比酒吧还要多，贫穷的马拉维，人的物欲生活是匮乏的，反而助长了心灵精神的发展，依此原则来看，马拉维人是很适合修行的，要在这里弘法很合适。"而且这里是："我们不喜欢的事，在坦桑尼亚都有；反而是我们喜欢的事，在马拉维都有。"

为什么会有此说呢？马老师观察到马拉维人嗜"苦"的人生，他曾告诉我：有一次在马拉维乡下，一条小溪流上，有一位黑人妇女正在洗玉米，一眼就看到带着紫颜色的玉米，是播种用的玉米种子。这是台湾在马拉维农技团，免费赠与马国农民的玉米种子，并教导他们耕种，所以马拉维处处可见绿油油的玉米田，而这些当作玉米种子的玉米，都附着有防虫害的农药，吃下肚会中毒或死人的。

马老师当时一看，马上对她说：“播种用的玉米，经农药处理过，是洗不净的，吃了会死人的。”没想到妇人回说：“我现在不吃不会中毒死掉，但不吃也会饿死啊！”所以妇人还是选择吃了再说，就赌赌看洗了多少次，能不能侥幸不死。

还记得很多年前，联合国曾援助索马里玉米种子，当地农民却拿去煮食。当时因为吃这些玉米种子死掉的有数百人之多，这种骇人听闻的“苦”事，发生在非洲却是稀松平常的事情。

就因为苦，抚慰人心的教堂，就扮演着吃重的角色，那些纸醉金迷的酒吧文化，当地人无法融入，原因是定心、定性的功课比什么都重要。

马拉维是一个以农立国的国家，各种农产品充斥着。肥沃的土地，种什么就长什么。台湾的非洲农技团，在这个国家帮助他们四十多年，他们笑称，马拉维红色土地肥沃得不行，就连扫把倒插着都能开花（马拉维已于二〇〇八年一月十四日与台湾“断交”，驻守当地四十多年的农技团和医疗团皆已撤离）。

马拉维国民年平均所得一百八十四美元，在第三世界国家中是最贫穷的国家，他们的贫穷和民族的天性有关。虽然土地肥沃，遍地是黄金，但是懒惰的习性，让成千上万的人民，成为不知明天为何物的穷人。

马拉维一般人的生活，就如同五十年前台湾人的生活，住土砖造的房子或茅草屋，喝生水，没有皮鞋可穿，居家住宅空荡荡的，农具、渔具放在屋外，可以用家徒四壁来形容。

主食是玉米粉，厨房里没锅没灶，三块石头堆一堆，就可当煮食的灶炉，玉米粉用水和一和，用水煮或烤，抓一坨就吃下去，这就是他们的美食了。能吃到一坨玉米粉，就是幸福的人，足足可以开心一整天了。

在马拉维能拥有一辆脚踏车，就可以称得上是有钱人。脚踏车拥有者，在街上走起路来是很有风采的，不但可以帮人载货，还可以像台湾的出租车随时招手随时载客。

百分之八十五的马拉维人交通工具都是双脚。走路是他们的生活，每天一大早天未亮，就步行到工地去工作。现今已是二十一世纪，人类都已上了太空。然而，在非洲还有人是在部落方圆几里中过一辈子的。天堂与地狱之别，不用死后到极乐世界去见分晓，现世就可以看得到。

苦过的马拉维人适合修行

马老师的姐姐，是一位事业飞黄腾达、生活幸福美满的白领高阶主管。当她知道马老师要到非洲推展佛法和艾滋病防治，好奇地问："为什么要学佛法？"马老师不厌其烦地告诉她说："人生苦、空、无常，不及早解脱，是会轮回的。"

但是对生活优渥的姐姐来说，她无法体会出生命的意义。她说："人活在世上有什么苦呀！生命能够轮回，不是很好吗？"对一位高薪收入、生活美满的人来说，她的人生字典上找不到"苦"这个字，况且能轮回再当一位生活优渥的白领阶层，又有何不可呢？不同人生的人们，他们对苦的感受完全不同。

马老师在非洲佛学院教《佛陀传》时，他要学僧们将这一生中感受到最深刻的苦的事情描述出来。其中一位学生述说的苦事，最令人悲恸，那是他内心中无法忘却的哀伤。

学僧记忆中：在他只有七八岁的年纪时，有一天跟着父母上市场，忽然市场里起了一阵骚动，他听到有人大喊抓小偷。很快小偷在众人的团团围捕下抓到了。小偷在众目睽睽下跪在地上，苦苦哀求着："饶了我吧！"但是围在四周的人，丝毫不为所动，有人狠命地踢他，也有人用力地打他，还有人用砖头砸他的头，小偷血流满面，众人连一点恻隐之心都没有。小偷尖叫哭喊声凄厉无比，这时候竟有人泼洒汽油到小偷身上，然后点火，一时间烈焰冲天。小偷挣扎惨叫着，双眼暴出，身体扭曲变形，最后倒卧抽搐而亡。这一幕永远烙印在脑海中，是挥之不去的梦魇。

我在非洲十多年的生活体验中，深深地感受到非洲人生活在这种痛苦、贫穷、疾病、战乱、粮荒等苦恶环境之中，要如何找到安身立命的慰藉？如何化解这种说不出来的苦厄命运？我想只有转化成修道的助缘，才能化除消解，也才能真正体会

祝福语：慧礼师父在非创立的ACC，会成为一种解决非洲贫穷和摆脱落后的最为有效的模式，会被世界所关注和认可。——邢立力

出修行的快乐。

我曾到马拉维首府利隆圭参观德雷莎孤儿院，因为当时我代表国际佛光会在那里认养了一百名孤儿。二〇〇〇年底，台湾有关部门行文到国际佛光会，希望我们在马拉维能帮忙认养一百名孤儿。据了解，以前马拉维总统访台时，台湾曾答应帮忙马拉维总统第一夫人所主持的自由基金会认养一千名孤儿，但是几年下来都没有兑现，他们就希望我们能帮忙认养一百名孤儿。

认养每位孤儿，每年生活、教育费要一百五十四美金，所以那几年，我们每一年要支付一万五千四百美元给台湾有关部门，由他们转交给马拉维总统夫人所主持的自由基金会。

非洲地区共有一千两百万名孤儿，马拉维就有六十万名，艾滋病、埃博拉病毒，以及贫穷是造成孤儿众多的最主要原因。

德雷莎修女是诺贝尔奖得主，终生奉献给了贫穷地区的人民，在印度感召了许多印度人学习她的菩萨道精神，我们到位于马拉维首都的孤儿院去探望认养的一百位孤儿，其中有十一位是安排在德雷莎孤儿院里。

名字叫"谢谢医院"的孩子

二〇〇一年一月（摘自慧礼法师手稿）

"SOS（Save our souls救救我们的灵魂）孤儿院"是一个基督教的机构，由奥地利人创办，是世界性的组织，在这个机构里，我们认养了十二名孤儿。这个孤儿院的组织和设备非常完善，每十二个小孩就有一个阿姨和一个保姆，共住一栋房子，就像一个家庭，十分温馨亲密。管理员带我们去探望我们认养的孩子，几乎每一个孩子的背后都有一段伤心故事。

我顺手抱起一个认养的两岁大的孩子，当管理员告诉我，孩子名叫"谢谢医院"时，还真吓了我一跳，居然有这样的名字，听管理员介绍，才知道"谢谢医院"出生两天就被遗弃了。被人捡到送来医院。救治了两个星期才活下来，就被送到SOS孤儿院，没有人知道他的真实姓名，所以为他取了个"谢谢医院"的名字。

我又抱起另一位行动不便的四岁小孩，管理员对我说："这孩子不是先天性行动不便的。孩子被送来时，已饥饿过久，因为营养失调，而造成手脚麻痹，无法站立及走路。"另一位五岁小孩子，父母亲已因艾滋病先后过世，小孩子也染上艾滋病毒，一般感染这种病毒的孩子活不过两岁。

每一个我认养的孩子，都是我的心肝宝贝。在遍布马拉维的十个孤儿院中，我所认养的孤儿，达一百人。因为有了这层认养的因缘，所以每年都要来探望他们。那几年马老师也常常写信和这些孤儿院保持联系，每一位孤儿都有自己的认养人，而孤儿们也要学会认识和亲近他们的认养人。

我们所认养的孩子，从两岁到十岁都有，他们正需要我们的关怀和认同。从他们的眼光里透出期待的眼神，圆滚滚的两个大眼珠，直瞪着我们。我知道他们的心思，他们盼望着自己的再生父母，盼望着多一份亲情的眷顾。

因为有过这许多马拉维的经验以及对孤儿的感情，在南华寺尚未交接之前的二〇〇一年，慧礼法师即带领已经出了家、俗名马斯道的本仙法师，及林瑞祥夫妇到马拉维创立“阿弥陀佛关怀中心”（Amitofo Care Centre）简称ACC，同时成立董事会及申请注册为非政府机构的慈善团体（NGO）。

二〇〇二年七月马拉维ACC的孤儿收养关怀工作正式展

开。在陈前“大使”锡灿先生的极力奔波，加上马拉维第一夫人的协助，取得政府捐赠位在Limbe Mapanga(现址)的三十四公顷土地供为用地，奔波多年，慧礼法师终于完成“给孩子一个家”的心愿。

一枝草，一点露

马拉维阿弥陀佛关怀中心动工奠基前夕，慧礼法师满怀悲心和感谢，写下《一枝草，一点露》一文，纪念这历史性的一刻：

小时候，困顿的生活环境里。金钱物质极端匮乏之下，在大人的世界里，为生活打拼，为衣食忙碌。在穷困中，从父母亲口中常听到一句话：“一枝草，一点露，天无绝人之路。”这句话透露着迎向生活的乐观，或许也是困顿中无奈的感言，却也能激起继续奋斗的信心。听在我耳里，当时并不懂得意思，但是却很喜欢这“一枝草，一点露”的情景。

小学五六年级时，母亲在早晨三四点就起床，骑着脚踏车，披星戴月地赶赴甘蔗田中“剥蔗叶”，然后卖给别人盖屋顶用。我也得跟着起床生火做饭。烧好早饭，赶着牛车到甘蔗田中，将母亲剥下的蔗叶，一捆捆地收集装上牛车，运回家里。那时才十一二岁，每天那么早起，就是要看那“一枝草，一点露”。

茫茫夜色中，天上的星星一闪一闪，辉映着草尖上的露珠一滴滴。我赶着牛车，随着牛的脚步起落，心里数念着“一枝草，一点露”。或许也是前世念佛余习，将这句话当作“佛号咒语”持念起来，这一句话也如护心神咒般，伴随着童年的成长。

来到非洲，看到了一群更困顿苦难的众生——黑人。这不只是黑白的强烈对比，也是贫富的悬殊差距，更有着原始与现代的分别。

他们的露珠，抵挡不了炎炎烈日，在下一滴露珠施泽之前，有些已先行枯干。斯人斯境，也是业力所系。斯情斯景，正是黑人族群以苦难和无常，来唤醒世人的悲心，来成就普施援手的菩萨道行者。

在非洲，更能体悟“一枝草，一点露”的平等生存权利，必须在众生悲心和愿力的加持护念下，才能延续和圆满。在苦难和无常的污泥中，有了悲心和愿力的莲种，才能绽放朵朵心莲。

行脚非洲十余年，见到大部分的非洲人处于贫穷、饥饿、疾病的境遇里，是命也好，是运也罢，总是悲惨，总是难过。有人见了贫穷、饥饿和疾病，等于遇上困难和障碍，能到非洲弘法的出家人如凤毛麟角之难求。但当我来到这辽阔的非洲大地，面对贫穷、饥饿和疾病时，却如见到创造光明、快乐和希望的机遇。使得内心澎湃，奋勇直前，共奔苦难，创造光明。二〇〇一年在南非南华寺的建设告一段落，决定更深入非洲，到了马拉维、坦桑尼亚、津巴布韦、刚果等国家。

今日，何其有幸，在“佛光普照三千界，法水长流五大洲”的愿力牵引下，将佛光法水流布非洲，为共生的地球人，投注更多的关怀。祈愿更多的人，能因此而为自我生命，留下庄严。

孩子的家

马拉维 ACC 从创办到落成，经台湾驻马拉维外事机构、台

祝福语：凛闲居以体独，卜动念以知己，谨威仪以定命，敦大伦以凝道，备百行以考德，迁善改过以作圣。

湾驻马拉维农业技术团和医疗团的支持，以及长年在马拉维经商的苏水木、黄春锦夫妻在建设上的护持，义无返顾前往担任院长的黄意升、彭秀琳夫妻，及台湾前去的医疗志工卢彦妤、张慧敏，木工义工林泰诚等多人驻地艰苦经营，目前（二〇〇九年）收容教养了三百多名艾滋遗孤，并在院区创立圆通小学，协助当地解决学校教室不足的教育问题。

除了配合当地的教育内容安排课程之外，还安排中文和少林功夫的学习（担任第一届校长的是台湾驻马拉维新闻参事处秘书张志永先生的夫人彭凯蒂，后随台湾和马拉维“断交”的职务异动，请辞返台）……马拉维ACC的创立，展现出一段由台湾、南非信徒和台商、外事行政管理部门、孤儿、义工所交织出来的动人故事。

第七篇

再度单飞

路愈走愈远，愈深入非洲，也和自己出家的常住愈离愈远，为了不给佛光山带来困扰和负担，二〇〇七年，在因缘俱足之下，慧礼法师离开了佛光山，从此更是形单影只！

此时，他是非洲百万孤儿的依靠，而孤儿院也成了他云水募款短暂停歇的家。

只要是众生欢喜的事，便令诸佛欢喜，独行之后的慧礼法师，经过一段身心的煎熬，感恩祝福自己的常住和剃度师父，继续在世界各地寻求支持，圆满这意义深远的非洲梦。

从一九九二年在佛光山大会堂举手，一句“我去”，一个“虽千万人吾往矣”的勇气和决心，至今历时十九年，从一个梦想到理想、到现实，他始终坚持当年举手时的承诺。在困顿中，在死神面前，即便曾经软弱、曾经质疑，却也从不曾改变他当年在大众中举手时的承诺和坚持。

有人说他一意孤行，有人说他固执作怪，有人说他越区化缘，带给常住和信徒负担……种种的声音，从最初热烈的赞叹支持、尊敬、护持，到十九年后的指责、诋毁……个中冷暖，他一概承受，外在的人事来来去去、是是非非，他都低头接纳。

每次见到他回台湾，总是孑然一身，见了面问他："晚上住哪里？"他总回答："还不知道。"一九九六年南非那场鬼门关前的车祸，当时断掉的左手手筋未接好，现在随着头上白发的增加逐渐萎缩。

为了完成他非洲净土的梦想，他需要人、也需要金钱支持。但是佛光山常住在文化、教育、弘法和僧伽养护方面的重担已无力支持他庞大的经济需求，年轻的僧众也没有人愿意随他远渡非洲弘法，因此，慧礼法师得自己想办法。

于是，他岔出佛光山体制，在"常住第一、自己第二""不私收徒众"的佛光人信条下，他从净耀法师处请求让渡"财团法人普贤教育基金会"，作为其非洲孤儿募款的运作基金会。也蒙净耀法师慈悲应允，经董事会投票通过，从二〇〇四年八月二十一日起，由慧礼法师担任董事长，带领普贤教育基金会开始运作，支持非洲艾滋遗孤的认养业务。佛光山虽然知道，但体恤他的辛劳和常住未能给予的支持，因此默许基金会的独立运作多年。

然而为了当地人才的需求，二〇〇七年三月，当四位马拉维黑人青年向慧礼法师请求剃度出家时，在现实需要下，慧礼法师亲自为其举行剃度典礼。这无疑直接冲撞佛光山“不私收徒众”的重要戒律、门规。二〇〇七年十月，佛光山正式公告开除慧礼法师僧籍。

谈起这段往事，慧礼法师十分平静，他理解佛光山常住的体制，是为了避免早年中国佛教寺院丛林，出家人私收徒众之后造成的纷争和诸多人事的问题而制定，为的是让僧团可以遵循“依法不依人”的智慧而让常住法脉永续、和谐共荣共存。而他私自为黑人剃度，把这严格的规矩制度破坏了，如果佛光山常住不做出处置，无法对僧团交代，日后也无法树立真正的制度典范。

虽然理智上理解接受，但终究是年轻到壮年奉献的慧命之家，情感上仍然有沮丧和不舍的情绪。因此，在弘法途中接获被开除的消息时，他百感交集，写了一封信给他素所尊敬的师父——星云大师，感谢他一路来的成就和培育。

师父上人膝前：

在非洲行脚途中接到佛光山开除我僧籍的消息，内心仍是充满感恩与感谢。

感恩师父上人以及佛光山的作育栽培，感谢师父上人的慈悲放手，让我全力推展非洲佛教。

一日为师终身为父，我仍是佛光山第二代，临济宗第四十九代传人。我来自佛光山，终生支持佛光山，拥护佛光山！

一九九二年衔师命奉派非洲，就把非洲五十三个国家纳入版图，规划三百年时程，让非洲佛教本土化、在地化的蓝图，以“法传非洲，续佛慧命”为毕生职志。第一个十年以“十年磨一剑”的意志“前进非洲，建立据点”，在南非建南华寺，作为非洲佛教的中心，作为佛教前进非洲的滩头堡。

第二个十年以“拔剑拓大荒”的精神“深入非洲，往下扎根”，深入非洲各个国家，建立孤儿院，收养孤儿，培育非洲佛教的菩提种苗。第三个十年则是“化刀剑为犁锄”退位归隐，甚至改信伊斯兰教，用佛法解释《可兰经》，化解穆斯林的千秋怨，万载愁！让接棒的人将佛法继续往撒哈拉沙漠以北的穆斯林国家推展！

个人誓言:“埋骨非洲，五世转世非洲”信念坚定，矢志不移，即是“以一世之不能，愿以五世作拼搏”。今生不能，尚有来生，即使转世有隔阴之迷，相信护法龙天也会助我归位设定的轨道运行。为了佛化非洲，我是卫星定位、卫星导航的人生。

过去在佛光僧团中，我是“打不跑、骂不走”的佛光人，到了非洲，为了替常住完成“法水长流五大洲”的理想，为佛光山在非洲建立洲际道场，时有脱线演出，但仍是只“作怪不作乱”“只打江山、不坐江山”，仰仗师父德望，扛着佛光大旗，在非洲开疆拓土，闯荡丛林！

十六年前来到非洲，五十三国九亿人口的区块，佛教在哪里？常有“云深不知处”的感叹！整个非洲不是信上帝，就是信安拉，忝列世界第三大的佛教是被拒于门外还是传教不力？

我深入非洲各国去探讨，去找答案，发觉在非洲的荒山野岭、穷乡僻壤的穷困乡下，仍有古古老老、破破烂烂的教堂。教堂里走出白人牧师，问他多少岁月在此传教？起码三十年、四十年！唉！深受信徒恭敬、名闻利养、养尊处优的佛教法师，怎可能有此深心悲愿的行径？难怪佛教无法进入穷困落后、丛林荒野的“黑暗大陆”！

二〇〇一年四月卸下南华寺住持之职，独自前往马拉维，仍是打着佛光山的旗号。直到二〇〇三年本仙师因助我开展马拉维阿弥陀佛关怀中心而被开除！此时我心中因不平而传真回人事监院室：我说，在佛光山开除一百人可随时补上一千人，在马拉维开除一人，一百年补不上一个人！

两千五百多年历史的佛教，好不容易此时我愿意承担推展非洲佛教的职志，怎可半途而废？假如我放弃了，十年后，百年后还有谁愿意承担非洲佛教的推展任务？假如同一地球的非洲没有佛教，那么诸佛菩萨普度众生的悲愿可是虚言？那么，将来肩负传法的法师们，如何回去面见佛陀？

当时为了非洲佛教的推展，决心岔出佛光山的轨道，自我运行。我常跟信徒说：我和佛光山的关系是“教外别传”，不为佛光山负责，还是要为佛教负责，为众生负责。我和佛光山的关系“不即不离”，是来自佛光山，但不属佛光山的系统运作。所以当时挂名“佛光山马拉维阿弥陀佛关怀中心”，的旗号拿掉了“佛光山”三个字，变成了“马拉维阿弥陀佛关怀中心”只是为了不给常住困扰，只是为了传法非洲的佛教大业！

身无分文的我，跑去找拥有四个基金会的净耀法师，乞求他分一个“普贤教育基金会”给我运作，就这样“只作怪不作乱”的我开始走样了，因为拥有一个基金会对于常住而言是“作乱”的现象了！

师父上人的宽宏，常住的慈悲，对我并未做出处置，我也仍是匍伏前进，小心运作非洲佛教的培苗工作，谨慎在台湾募款，支持非洲佛教发展。当时台北有人捐道场劝我设道场，但我不为所动，只是为了不为难常住，但资金紧凑也是事实。

在非洲养了一千七百五十个孤儿，小小一个普贤教育基金会尚可运作，但是面对五十三个国家我是一筹莫展！一个

“个体户”妄言推广非洲佛教！要人没人，要钱没钱！没有山头支持，没有教团运作，我现在在非洲，仍是步步难，步步险！

马拉维阿弥陀佛关怀中心，收养了一千七百五十个孤儿，关怀中心就像个修道院，孤儿吃素，四点半起床，五点坐禅，早课诵经，学中文，练少林功夫……这只是个开始，是个模式，很快这经验和模式就复制到非洲各个国家。所以在津巴布韦、莱索托、斯威士兰，乃至西非喀麦隆等国的阿弥陀佛关怀中心正持续兴建开展！

马拉维的孤儿，很多是十二岁了，接下去几年后，他们高中毕业，我们就要办佛教学院，让他们更深入佛法。过去在南非南华寺办非洲佛教学院，只是个试验性质。我们从穷困的非洲国家招收学生，把人带到先进富裕的南非。学生因富裕的环境，眼睛亮了，心也花了。所以只能阶段性地培养出非洲佛教的信仰者支持者！

现在马拉维、津巴布韦等国家，孤儿们没有明天、没有未来，我们为他们做的安排和选择就是最好的安排与选择。所以将来非洲各个国家的阿弥陀佛关怀中心和佛学院，才是真正非洲佛教的摇篮，佛陀智慧种子的培苗园地！

非洲佛教的重担，压得我喘不过气来，但诸佛菩萨灵感示现，却时时给我启示，给我再接再厉的勇气。我小不丁点的个人承担，小打小闹的小家子作为，在五十三个国家的非洲推展非洲佛教既似疯狂，又傻到极点！我的承担，我的勇气是诸佛菩萨一再的灵感示现，是护法龙天的一再鞭策，连动个念头想放弃，都以翻车示警！

今天我能独闯非洲，由南非而马拉维、津巴布韦、莱索托、斯威士兰、喀麦隆等国建孤儿院，每个孤儿院收养一千名孤儿。说穿了，因为非洲还穷，我只是掌握穷的机缘，借着收养孤儿的机会，将佛法传给他们。但推展非洲佛教的机缘，最多也只有二十年至三十年的好光景，等中国、印度、东欧、中南美洲都进入发展中国家，世界上的资金挤进非洲时，我就没机会了！所以即使我能活三百年，也只能把握三十年，为非洲佛教打下信仰的基础。

非洲人对佛教的认识，普遍上只有李小龙、只有少林功夫、只有达赖喇嘛，说起释迦牟尼佛，嘘声四起。说起释迦牟尼佛，他们认为是撒旦，是魔术师……百年来，佛教在非洲已被丑化了，连马拉维阿弥陀佛关怀中心建成时，酋长都以中国人会吃小孩而拒绝送孤儿给我们。当地基督教团体，借机控告我们：强迫孤儿吃素，强迫孤儿信仰佛教……这种种难关和考验是步步难，步步险。但是我们都走过来了，也得到很多国家的认同！

我现在掌握着非洲“穷”的机缘，掌握着中国在二十一世纪和平崛起的机缘，将佛教信仰和中华文化融合成华夏精神文明，撒向非洲大陆。就如同十五世纪后，葡萄牙、西班牙、荷兰、英国、法国、德国等相继崛起，非洲国家成了欧洲各国的殖民地，但现今民族自决、民主独立，所有的殖民政权都不见了。只剩下殖民时留下的教堂和传教士，只留下信仰语言和文化。中国这一波崛起的浪潮，试想一百年后、两百年后能留下什么？我努力的、耕耘的就是要趁这一波，中国和平崛起后在非洲留下华夏精神文明的印记！

我在佛光山十四年，每天开车清理全山垃圾，每天劳务做工，把生命精华时段都奉献给佛光山了。来到非洲十六年，筹建南华寺、开办非洲佛学院、募款成立关怀中心、收养孤儿等，就像个国际乞丐，也像是个真正的“黑奴”——黑人的奴隶，全心全意为非洲佛教而努力，全心全意为非洲服务奉献。

我只是一个佛光山僧团中清理垃圾、劳务做工的工务僧；只是非洲佛教发展中募款化缘的国际乞丐；只是服务非洲人的“黑奴”，我谨记谦卑、奉行劳作，我能做的，所做的，也只有这些！

我听说过狮子要教会小狮子独立生存的方法，就是把小狮子推落山谷，让它独自求生存。我永远感恩师父上人的作育栽培，感谢常住的慈悲。迟来的一推，这一推，推落的不是山谷，而是无边无际宽阔的法界。这一推，让我回归佛陀，回归佛教。这一推，让我走出非洲，继而迈向国际！

我来自佛光山，传承临济法脉。我会永远支持拥护佛光山，时时祝福师父上人，祝福所有的师兄弟，全心全意完成“法传非洲，续佛慧命”的世纪性使命，才是我报答师父上人，报答常住的最好途径！

不肖徒　慧礼　顶礼

告别了佛光山僧团组织，礼谢当年剃度的恩师，从此慧礼法师更是形单影只了。在传统丛林韬光养晦十几年，衔师命远赴非洲、领众耕耘、走过生死关前，十九年来，悠悠岁月，点滴冷暖，只能从他头上的白发细数。如他自己信中说的：一路走来，步步难、步步险。

告别三十年依靠的慧命僧团之后，此后行去，更是不知性命之所在？他无法多想自己，也无能多想，人事变迁、环境更迭变异，无常迅速。他只能想着非洲百万孤儿，想着他当初举手的承诺，然后往更深、更远的非洲大陆，往等待希望和光明出现的孤儿走去。

此后，他是非洲百万孤儿的依靠，而孤儿院也成了他云水募款短暂歇息的家，孤儿脸上的笑容和成就，也成了他最大的慰藉。

只要是众生欢喜的事，便令诸佛欢喜。再度单飞之后的慧礼法师，经过一段身心的煎熬，感恩祝福自己的常住和剃度师父，继续在世界各地寻求支持，圆满他的非洲梦。

第八篇

马拉维ACC的成立过程

双亲皆失的孤儿，如果还有外婆可以依靠是幸运的，否则就只能四处流浪，过着悲惨、凄苦、有一餐没一餐的挣扎日子，没有未来，也没有希望。

被亲戚收留的孤儿，读书受教育是不可能的事，有父母的孩子如果去上学了，所有的生计、粗重的工作就全都是孤儿的事。

而如果孤儿是女生，命运更是难以想象，常常成为被蹂躏的对象。

马拉维的传统文化

马拉维是一个没有重工业的国家，只有轻工业，如咖啡、烟草业、夏威夷豆等。全国工人总数，在二〇〇六年九月的统计不超过七万人，其余就是农民和渔民了。而在一个有台湾面积四分之三大的马拉维湖，不知道是否为了水资源或生态的保护，政府也不允许有任何水利开发，湖边不到五十米的土地，因为缺乏灌溉，土地也是干裂的，加上技术的欠缺和文化习性，即便是以农业为主，收成仍是有限。

马拉维传统部落的生活习惯，在渔村，男人到马拉维湖去捕鱼，所有的家事就交由妇人及小孩来做，包括种田、砍柴、织布、取水煮食等等的工作，马拉维湖里有一百多种吴郭鱼，但由于滥捕，大鱼几乎都没有了。捕鱼回来的男人大都会去做雕刻工作或艺术品销售，补网的工作也是由妇女来做。

而在农村，由于马拉维至今仍停留在农业时代，男人在雨季来临前，会在田里把地整理好，然后交给妇女来下种子。一年一种，主食为玉米，旁作还有树薯、南瓜或其他豆类，不同区域也有种甘蔗、地瓜或专业种菠萝等。

早期的白人教导当地人，将果树苗种在家的四周，以度过旱季的饥荒，长久以来，木瓜、香蕉、芒果、酪梨、墨西哥苹果……现在每年都能大量生产，甚至供应到市场。

在马拉维布兰太尔前往机场的路上，每天天未亮就可以看到沿路推着脚踏车的人，辛苦地往市区一步一步前进，脚踏车上载满了木炭，据说一辆脚踏车上的木炭就要砍掉两百多棵树，因此原始森林几乎被砍伐殆尽，只剩下坟场的树木不会被砍伐掉。

马拉维已经没有狩猎的行为了，所以男人在农忙一个月之后，通常没有事可做。白天没事就是聊天，要不然就是喝自己用玉米酿造的酒。所以农技团的张博士曾经这么说：“我们驻外人员一年放一个月的长假，工作十一个月；而马拉维人一年工作一个月，放假十一个月，不知道是谁比较好命？”

在传统市场，我们曾经想帮助卖菜的一次把东西买完，结果是他们不卖，问他为什么？理由是：卖完了不知道今天要怎么过？

在马拉维，大部分的地方都没有电、没有油，电话就更不容易了，当初白人留下来的电话线，都拿去捆柴禾了。从都市串通到大部落的行政中心，中间会有自来水经过以外，其余的都要靠掘井来取水。通常在一个村落里，只会有一到两个水井，因此水在村落中是很珍贵的。水井因为掘得不够深，所以容易感染细菌。

村落里，一个家庭小小的一间房子，要住上七八个人。三餐饮食：早上小孩几粒玉米；中午在外面随便找水果吃，多的是没有午餐吃的孩子；晚餐则是一天最重要的时候，小孩会去井边取水生火煮玉米，高丽菜、南瓜叶、豆叶，加点西红柿煮烂了配着吃，这是最好的一餐。通常一般家庭都是在小屋里煮食，一来可以熏蚊虫，二来可以保温。

马拉维平常温度十七度，没有夏天，最高温是二十八度，最冷不会低于六度，也不会超过两个星期。每年有三到四个月的雨季，雨季带来潮湿和病菌，大量的雨水让土砖和茅草屋都承受不住，也会产生病菌和蚊虫。许多人会在雨季生病，但雨季最初的一个礼拜，白蚁会出现，所有的孩子不上课，都抓白蚁和蚱蜢去了，因为那是他们认为最丰富的蛋白质来源。

而对于水资源珍贵的马拉维人来说，洗澡是一件奢侈的事。如果附近有河流，那是天堂。大人、小孩都会在那里洗澡、洗衣服，但是水中却常有容易感染的病菌。

晚上睡觉居民习惯脱光，每人裹着一条毛毯就地而卧，清晨天冷，冷醒了就起床，大约三四点钟左右。男人即出门走路去干活，妇女则是忙孩子，通常一家七个小孩是很正常的，马拉维人口的出生率高，但四岁以前的死亡率是百分之二十五，因此会一直生育。二〇〇八年因为艾滋病严重猖獗，罹患率高达四成五，因此政府推动节育，呼吁家庭孩子不要超过五个。

男主外、女主内，在马拉维也不例外。但马拉维是个母系社会国家，男人可以娶很多女人，不过现在女人相对的也可以去找喜欢的男人，完全违背了原始部落的文化传承。可以保护子民的传统道德文化几乎已经完全消失，只留下可以保存自己权利的部分。

因为性生活的混乱，让艾滋病快速蔓延，青壮年时期就消逝了生命，留下大群的孤儿，交由母系的阿嬷抚养。如果阿嬷年迈养不起时（女性通常十二岁就生育当母亲，二十五岁就当外婆了），只能任由孤儿自生自灭，以致马拉维有百万名四处流浪的孤儿。

孤儿在传统部落的命运

马拉维的就医是区域性的，二〇〇六年九月，一位牙医师要到马拉维当义工，却被告知要缴义工费。在欧盟盖的医院里，没有正式的医生，一个白人医生轮流负责四个医院的看诊，医院里不是没有医生就是没有药。马拉维人看病是不用钱的，然而不管是肺炎还是肺结核，医院千篇一律开出的药都是Panadol（普拿疼）。

因为医疗资源的欠缺和卫生条件及卫生教育的不普及，马拉维中生代大量的死亡，一旦染上艾滋病、伤寒、霍乱、疟疾，或者中暑感冒、营养缺乏等，几乎就只能等待死亡。

双亲皆失的孤儿，如果还有外婆可以依靠是幸运的，否则就只能四处流浪，过着悲惨、凄苦、有一餐没一餐的挣扎日子，没有未来，也没有希望。被亲戚收留的孤儿，读书受教育是不可能的事，有父母的孩子如果去上学了，所有的生计、粗重的工作就全都是孤儿的事。而如果孤儿是女生，命运更是难以想象，常常成为被蹂躏的对象。传统部落甚至有个不人道的文化，就是女孩子成年之后（通常是十二岁）的第一次，都必须献给酋长，而男孩则是在八岁时行成年礼，割包皮。

矛盾的是，马拉维虽然是一个母系社会，但女孩子在传统社会却是没有地位的，除了工作之外，没有其他。十二岁以后随即准备出嫁，好换牛回来让哥哥娶亲。最大的安慰和价值是：孩子心目中的地位。

在传统部落里，每个部落都有一个收容孤儿的单位，简称为 CBO，意为“部落孤儿部”“托儿所”或“救济站”，这些孤儿有的是单亲，白天母亲或父亲去工作时，会把他们带到 CBO，食物来源由村子统筹。

ACC（阿弥陀佛关怀中心）在马拉维认养了九个救济站，离关怀中心最近的两个救济站分别收容了一百三十、一百四十五名孩子，这些孩子不全然是孤儿，真正的孤儿大约五十个，孩子们挤在一间不到三十平方米大的房子上课。ACC 每个月固定下乡发放物资给这些认养的救济站，所以被认养的 CBO 孩子中午有玉米粉可以吃，小酋长也会向外寻求支持，提出协助改善房子设备，ACC 都会全力支持。

在其他没有如 ACC 般的单位认养的 CBO，也会有台商赞助商品，有些印度商人也会捐赠物资。在 CBO 的午餐，是许多孩子一天中唯一有食物可以吃的时候，因此 CBO 的孩子最渴望的是到 ACC。在他们的心目中，有食物吃、有房子可以住、可以受教育的 ACC 是个天堂。

ACC 孤儿的来源

二〇〇五年马拉维 ACC 招收第一批院童时，因为对当地文化一知半解，所以透过社会局安排到部落举办说明会，每次去之前都必须准备食物：玉米粉、豆子、花生、糖、盐、饼干、糖果等。有一次到离 ACC 十公里外的部落去办说明会，给糖果、食物，请酋长协助发放，办了无数次说明会，效果都不好。和酋长沟通要经过二到三次，酋长甚至提出各种条件要求，才答应给孩子。

有一次甚至已经说好了时间前往，当天一行人抵达部落时，却发现一个人影都没有，因为他们听说“中国人会吃小孩”，所以全部跑去躲起来了。慧礼法师只好召集酋长，跟他们说：“我从台湾要来非洲，亲友都劝诫别来，他们说非洲人很野蛮，会吃人，但我来了十几年还没被吃掉。”酋长们听了也觉得好笑，怎么传说他们会吃人？

最后通过社会局，或在华人工厂上班的工人介绍，以及 CBO 的协助，慢慢地有了一些孩子来到 ACC。ACC 当时的执行长黄意升也随同当地干部，到部落的草丛、市场、水沟旁去收养流浪的孤儿。

院童阿翰的家，从 ACC 开车要六个多小时，一百二十公里的路，再涉水经过一条三四十米宽的河，由社会局的人陪同黄执行长和 ACC 干部，经教会牧师转介而来的。原先接走的是五岁的姊姊万欣，当车子驶离该部落时，才发现阿翰正被哥哥一路背着，跟在车子后面，来到 ACC 的山门，跪下来恳求院长也收留他的弟弟，他说："因为我们的父母都已被大水冲走，若是阿翰还留在家里，那么我们其他三个哥哥就将无法读书、工作、赚钱……拜托！"深深的一鞠躬，就这样当时才两岁半的阿翰破例成为 ACC 年纪最小的一员。

马拉维 ACC 的所在地奇拉祖卢山，有六个很大的部落，Ta–Mpnma 酋长刚开始很高兴地协助做宣传，但后来因为要求过多得不到满足之后，开始反悔并造谣。而在 ACC

一百二十公里以外的法隆贝村落，社会局陪同去宣传时，一位阿嬷跪求 ACC 收留她的孙子。

ACC 是个佛教组织，以伊斯兰教、基督教为主的马拉维人视其为魔教。孩子来到 ACC 之后，ACC 每个月会安排一次亲属会，让亲人来探望孩子。放长假时，也会让孩子带着礼物回访亲人，慢慢地改变当地人对 ACC 的误解和印象。

第一批进住 ACC 的孩子，如今都已长大，成为非常优秀健康的大孩子。来到 ACC 的孩子都很认真学习，有个院童阿福，二〇〇六年曾随团到过台湾，返回 ACC 不久后，即跟着新进的一批大男童“逃跑回家”。没多久就被路人送回 ACC，我们随即通知了阿福的外公。当其外公在了解实情要签下带回小孩的承诺书之前，他斩钉截铁地告诉阿福：“你不住在 ACC，可以！你要住外面，可以！你想去哪里，都可以！但是我就是不准你回我的家，因为我没有房子让你住，没有东西给你吃！那你还要离开吗？”“不要！”此后，阿福也就将身心安住在 ACC，课业也越来越进步了！

成立时遇到的困难

马拉维 ACC 的土地，是二〇〇三年时，前第一夫人帮忙，政府捐的地。但续任的总统不承认，开始征收各种当初优惠的税款，社会局也开始百般刁难，原本社会局对于慈善单位团体是义务指导，但后来却开始要求收钟点费、车马费，不给就给予种种刁难。

二〇〇六年二月，人权协会以三大条、十小条罪名，一状告到总统府，三大罪状：第一是种族歧视，第二是强迫信仰，第三是虐待儿童。这三条罪状，任何一条解释不好，ACC 都得面临关门的命运。

ACC 邀请儿童福利部跟人权协会直接调查，请“大使馆”、教育部门、文化部门，在首都开说明会。慧礼法师针对信仰部分说：“马拉维的宪法保障宗教信仰自由，在马拉维有基督教的孤儿院，全部都信仰上帝；穆斯林办的孤儿院全部都信仰安拉，为什么佛教办的孤儿院要信仰佛陀是强迫？”

三月底，儿童福利部部长抵达 ACC，执行长引导参观，看到孩子们欢喜地跑过来拥抱“阿公”（Agogo 齐切瓦语，泛指“阿公”之意；孩子称执行长“阿公”）时，部长感动落泪，说：“孩子快乐的笑容和真诚的反应，是最直接的真相。如果你们虐待孩子，孩子对你们不会有信任，也不会这么快乐。”一场危机，因为爱，化成了转机，ACC 从此获得政府单位的信任和支持。

孩子的转变

来到 ACC 的孩子，第一件事是健康检查，当时马拉维和台湾仍有“邦交”，离 ACC 七百多公里外的台湾驻马拉维医疗团，协助派遣医疗团医生来为孩子做健康检查，了解、记录每个孩子的健康情形。

这些孩子，因为有曾经饥饿和恐惧的生活经验，第一个月会拼命地吃，也很怕人，慢慢地才恢复正常，三个月后经过保姆的协助才慢慢适应。再通过职工和义工以及生活老师的教育和陪伴互动，慢慢地从一个惊慌恐惧的孤儿，蜕变成健康活泼的孩子。

关怀中心开始收容孩子的第七个月，笔者曾经到访 ACC，有一天，我们陪同中心的孩子阿旺和阿唵、万雅下乡访亲。阿旺是中心里中文讲得最好的一个，勤快、礼貌又懂得照顾弟弟妹妹。

阿旺的双亲早已过世，由年迈的外婆带着。回到家，阿旺近乡情怯，有些害羞，在家门口见到外婆，跪着用双手奉上带回来的礼物给阿嬷。邻居的孩子们好奇地赶到阿旺家来看阿旺，和这些邻居的孩子们在一起，阿旺显得干净而礼貌。

阿嬷家有一张床和简单的玉米、柴禾、椅子，墙上贴着阿旺双亲的相片，除此之外，什么也没有。外婆感谢中心收养了阿旺，让阿旺不受饥饿的煎熬并且受到良好的教育，让阿旺的未来有了希望。

阿唵和万雅是两兄妹，父母早逝，与九个表兄弟姐妹和耕作的外婆一起生活，茅草屋下的客厅，同样简单空荡。外婆的作物不足以养活十几个孩子，因此三岁的万雅靠着九岁的哥哥阿唵乞讨，常有一餐没一餐地过。执行长黄意升告诉我，万雅刚到中心的第一个月，常独自趴在水边，用小小的手指沾着水放到嘴里，同样的动作不断重复，黄意升观察多日之后，后来问哥哥阿俺，才知道因为万雅常常没有东西吃，肚子饿时就趴在屋子前面的水沟旁，用手指沾着水沟里的水“吃”。

万雅是艾滋病带原的孩子，但是小小年纪的她却是最聪明漂亮贴心的一个。当时只有三岁的万雅是小小弟妹们的小老师，保姆和老师们教的歌曲只要教会万雅一个，隔天所有的孩子们就全部会唱了。

回部落访亲当天，万雅正发着烧，身体不舒服，却不哭不吵也不闹，安静地让阿公（黄执行长）抱着。执行长说，中心里有少数几位是艾滋病带原的孩子，这些孩子都有一个让人心疼难过的特点，即是发病时，不哭不吵也不闹，只是安静地皱着眉头。

一名年仅三岁的孩子，因为父母双亡，家里的人几乎从不理会她，甚至希望她早日死去，因此孩子来到中心时，常常独自一人怯怯生生地站在一旁用黑白分明的眼睛望着大人。当执行长蹲下身子，敞开双臂时，她会摇摇晃晃地走来，幸福地享受阿公的拥抱，如果阿公的双臂没有张开，她就只是安安静静地走到前面然后站在一边。

“艾滋病带原”简称 HIV 感染期，在这阶段是可以靠药物来控制的，控制得好，也不会转变成“艾滋病”。中心安排感染到 HIV 的小孩，每个月固定到医院问诊拿药，再搭配营养均衡的饮食，增强免疫力，个个活泼健康。

在发起人慧礼法师的慈悲感召下，当年从台湾来到 ACC 的医疗义工卢彦妤、张慧敏和生活兼中文老师张毓桂，极尽耐心和爱心地给予孩子照顾，和负责工程的苏水木、黄春锦夫妇、彭秀琳院长和执行长黄意升夫妻，以及负责木工的黄泰诚、衣物制作的刘美纪（朱妈妈）、记录孩子成长故事的张耀维等人，给予孩子亲人长辈般的爱和关怀，弥补了原本没有家的孤儿成长心灵上的空缺，拥有家的温暖和幸福。

几年来各种不同形式的团体前往给予院童不同的视野和接触，包括元智大学的学生、明华园歌仔戏团、英国医疗团、中国少林寺武僧的武功教导、几次出国表演的机会。孩子没有希望的生命，开始有了未来的梦想，有孩子说未来要开飞机、要当工程师、要当老师，有的说要当农夫、盖房子、当木工，有的说要当明星，更有人说要跟慧礼法师一样，照顾很多人……

教育，是希望的明灯

在慧礼法师的手记里，有一段关于他到埃塞俄比亚一所也是收容艾滋遗孤的埃塞俄比亚沃谷纪念孤儿院的文字：

艾滋病起源于埃塞俄比亚，而后遍及全非洲，总计约有两千五百万非洲人罹患艾滋病。根据统计光是靠近撒哈拉沙漠地区，就约有一千两百万艾滋儿童丧失了父母，而绝大多数的病童几乎都是艾滋病带原体。

过去人们对艾滋病的不了解，加上迷信和恐惧的心理，在二十世纪九十年代，对艾滋病童，国际间或世界组织很少有人愿意伸出援手去帮助。过去原有的医疗体系，也由于病童人数过多，无法负荷，而面临束手无策的局面，同样也使寄养家庭制度无法运行。

素有非洲德雷莎修女精神之称的德飞拉女士，其先生和女儿相继过世，她饱受丧夫、丧女之痛，一度失去求生的意志。

然而当她将心比心地感受到失去父母的艾滋孤儿们的悲哀时，她开始收容艾滋孤儿，并感召更多无惧于艾滋病童的爱心人士，提供资源让这些生长在破碎艾滋家庭的孩子们，不致因为父母双亡，乏人照顾而被遗弃在街头。

于是，一间代表着希望与爱的埃塞俄比亚沃谷纪念孤儿院，就由德飞拉女士创办起来。她是艾滋孤儿们的希望，她曾经先后饱受丈夫病逝、爱女往生的悲痛，因痛不欲生，而化小爱为大爱，因此一间间艾滋孤儿收容所，随着德飞拉的大爱广布在整个非洲。而她的生活因为对艾滋病童的爱，让自己的生命更加有意义。也由于她的无私，让艾滋病童拥有一般孩子所能拥有的照顾与治疗。

德飞拉女士不但成功地改变了非洲的价值观，同时也让艾滋孤儿们的人生由黑白转为彩色。

德飞拉女士从她收容第一位被遗弃在教堂前，十五岁援交又染上艾滋病的少女开始，到目前收容呵护更多被遗弃的艾滋宝宝，她深深体会到“没有你就没有我”(There is no me without you)。她无惧于艾滋病童，奉献百分之一百的爱，在一个没有希望的非洲地区，她提供希望给那些破碎家庭中的艾滋宝宝。因为有她的爱心收容，给他们温饱，给他们教育，更训练他们一技之长，让他们和平常人一样，活出尊严、活出希望，这是令人感动的。

或许就是因为这一国又一国的非洲行脚，让慧礼法师对艾滋孤儿的感情越来越深厚，也愈来愈难以舍离。非洲有五十三个国家，艾滋遗孤收容教养的工作，需要更多人的参与和投入，贫困的非洲，除了物质的支持，更需要教育，否则非洲的贫困是永无止境的。

和埃塞俄比亚沃谷纪念孤儿院创办人德非拉女士的理念相同，在艾滋遗孤收容的工作之外，二〇〇七年，慧礼法师在院区创办了圆通小学，除了给予孩子传统的马拉维教育之外，也让孩子学习各种技能和中文。因为只有食物和衣服，无法真正给予非洲希望和未来。只有开启智慧和足以养活自己的技能及教育，才能给非洲带来光明。圆通小学的创立，是阿弥陀佛关怀中心在非洲点亮的另一盏希望的灯。

祝福语：祝孩子们健康快乐，善根增长——黄玖珈

第九篇

孩子的故事

从一个没有希望的流浪孤儿，到对ACC的恐惧，再转为安心快乐成长、受教育、习武，站上舞台在世界巡回表演……

从不敢梦想，到现在想当工程师、老师、飞行员、农夫、空中小姐……ACC第一代的孩子，已经健康成长为耀眼的钻石，他们美丽、智慧、聪明、善良，点点心灵光明，已逐渐被点亮。

马拉维ACC的孤儿命名，男生用“阿”，女生用“万”，问慧礼法师孩子命名的构思来自哪里，慧礼法师如是说。

来到非洲自己设定了一个使命“法传非洲，续佛慧命”。就是传递佛陀的生命智慧给非洲，让非洲大陆也能有佛陀的智慧光明照耀，让佛教的法脉得以延续。这个使命的第二个十年计划，就是要“深入非洲、往下扎根”，也就是深入非洲五十余国，去成立孤儿院收养孤儿。借着孤儿收养的机缘，培养菩提种子！

佛教在非洲兴办的第一所孤儿院，考虑的就是开方便门、行利益事，所以就用佛门中人最常用的招呼问候，也是最能代表佛教的四个字“阿弥陀佛”作为孤儿院的命名。因此，“阿弥陀佛关怀中心”（英文Amitofo Care Centre，简称ACC）就这么产生了，来院的孤儿也就依着“阿弥陀佛”“万德庄严”来作为孩子的命名方式。

因此，如果你在关怀中心，实在是分辨不出男生还是女生，问他的名字就知道是男生还是女生了。

每一个来到ACC的孩子，都有一段让人心酸的故事，在ACC担任生活及中文老师的张毓桂老师，说了几位让人感触深刻的孩子的故事。

万丽

第一批来到ACC的院童万丽（一九九三年出生），在父母亲过世后，搬到外婆家和外婆共住，虽然她很喜欢和外婆住在一起，但是外婆家太穷了，一天吃不到一餐玉米粉。

当慧礼法师到万丽外婆家，想了解万丽的近况及身世，帮助她住进阿弥陀佛关怀中心时，外婆的脸上显现出无比的惊慌神色，大喊着："千万不要，万丽你不可以去！绝对不可以被中国人带走，村里的人都说中国人会吃小孩！"自此之后，外婆就紧紧地看守着她，唯恐一个闪失，她就会被带走。

中国人会吃小孩的传说，来自于非洲人认为中国人什么都吃，举凡天上飞的小鸟，地上爬的如蛇，陆上走的狗……几乎无所不吃。而这些，非洲人从来想都没想过要去吃它们，加上曾经也有这样的传言（未经证实）：有一个中国的军营驻扎在非洲某一处，村民都很好奇，有一个小孩顽皮偷跑了进去，但是就再也没有出来了。等到军营撤走后，村民在营区中发现了小孩的尸体，大家就以为是中国人吃了小孩，所以也就有了中国人会吃小孩的谣传。

但不知道是什么原因，外婆向各方人士打探，了解中国人及关怀中心的情况后，便回心转意了，愿意将万丽送到关怀中心。外婆的说法是：中心是一个好地方，去了就有救了！

万丽到关怀中心报到的第一天，脸上还是露出害怕、惶恐的表情，问她为什么，她说："外婆常常用中国人会吃小孩来恐吓我，所以……"

不过，经过了几个星期，她退去恐惧的心情，渐渐适应周围环境，而且还越来越喜欢中国人，她惊奇地发现：中国人根本不会吃小孩！中国人对他们都很好！

万丽说：能到关怀中心学习，是一件很开心的事！跟着慧礼法师学佛、学慈悲心、学守五戒——不杀生、不偷盗、不淫乱、不说谎、不喝酒。更有趣的是她说："我会说中文，还会唱中文歌呢！"这是万丽很得意的一件事。

现在的万丽，已是成熟的大姐姐，是关怀中心弟弟妹妹们心目中可以信赖依靠的大姐姐。功课虽然是中等，但也持续地进步着，问她未来的志向是什么，她说："我要跟着师父出家，做个慈悲的出家人，像师父一样帮助需要帮助的人。"

万菁

透过社会局转介来到中心的万菁（1993 年出生），父母亲双盲。还没到中心前，她每天带着双盲的父母到市场乞讨，养活双亲，来到 ACC 时，她已经十四岁。

万菁是个聪明乖巧的女生，来到中心半年，中文说写的能力比来到中心两年的孩子还流利，功课一直都保持着第一名。她说：来到中心前她从来不知道有水有电的房子是什么样的。来到 ACC 之后，才知道有水有电的房子是这么美好、方便。

万菁有一副天生的好嗓子，二〇〇八年在回台湾参加“感恩之旅”的巡回演出当中，有着出色的歌唱演出。问到未来，过去从来没有想过、也不敢期待未来的万菁说：“我想在马拉维读大学，当一个能救人，也能救自己的护士。”

阿恕、阿迪兄弟

阿恕（一九九四年出生）、阿迪（一九九五年出生）、万琶、阿伟是兄弟姊妹，父亲在意外中过世，四个兄弟姊妹在绝望的生活中，幸运地来到ACC，他们非常珍惜并且感恩ACC的照顾。聪明的阿迪虽然不是院内年龄最大的小孩，但却是第一个读高一的院童。

谈起未来，喜欢天空和星星的阿恕说："我想当飞行员，可以驾着飞机在天上飞，可以到非洲以外的国家，去看看这个世界。"他最喜欢的科目是数学和英语，他说：现在认真读书，是他报答ACC和助养父母的方式。

拥有柔软身段和极佳舞蹈细胞的妹妹万琶（一九九六年出生），功课也一直都在学校里名列前茅，武术教练对万琶轻柔曼妙的舞姿和武功身段赞叹有加！和哥哥阿恕一样，万琶也想当飞行员，因为在马拉维，要看到飞机是很难得的，数次的巡回演出参与，让万琶当飞行员的愿望更为具体了。

时年五岁的阿伟（二〇〇二年出生），人小志气高，练起功夫架势十足，也让教练们破例收了这么小的学生。更让功夫课因为阿伟的加入多了很多的趣事和欢笑声。

万诗

万诗（二〇〇二年出生）是一位孤儿，加上家中一贫如洗，可以称得是“双料”孤儿。

马拉维的贫穷是难以想象的，万诗家除了家徒四壁之外，饿肚子更是每天的例行公事，能获得一点施舍的玉米粉，就是极大的恩赐和感谢。

身为孤儿，万诗有很深切的罪恶感，她说：“我觉得我是一个恶魔，不然为什么爸妈会死去？而且没有留下任何东西！但是我不想像他们一样死去！”

万诗口中的“他们”，是每隔几天就会看到和她一般大小的邻居小朋友因为饥饿死亡的尸身，陆续搬放在屋外空地上，等待火化的场面。

现在，万诗像一个充满幸福光芒的人，不再过着孤儿的生活了。她说:“中心让我不再流浪，给了我一个家，让我过得比那些有父母的朋友们更好，我很感谢 ACC 和慧礼师父！”

阿升

“我没有妈妈和爸爸，他们因为生病（艾滋病）死了！”小小的个子、一双灵活的大眼睛，在黝黑的皮肤上显得格外清亮。阿升（二〇〇一年出生），当时他四岁，细得像竹竿般的手臂和小腿，看得令人心酸，想想在台湾这么丁点大的孩子，还躺在母亲怀里撒娇吸奶瓶呢！但在马拉维，像这样还没有长大就要饱受饥饿死亡痛楚的小孩大有人在。

问他每天吃什么，他张着小口说:“没有什么东西可以吃啊。”

“那肚子饿了怎么办？”“我就去睡觉呀！”原来这就是他解决饥饿的方法。

能被中心挑中的孤儿是幸运的，就像是登上天堂般，脱离贫困、饥饿、忧愁，而获重生。

在马拉维初夏的早晨，阿升纯真地说着:“我最要感激的人是慧礼法师。”

真的，原先在村落里的他非常瘦弱又常生病，但是现在他不但长得健康而且很少生病；黑漆漆的脚丫子洗得干干净净，还穿上一双崭新的运动鞋，露出灿烂的笑容，在院内奔跑着。

阿国

“我的父母死于艾滋，所以大家都排挤我、远离我，看到我就好像看到鬼一样。”阿国（一九九四年出生），一个不被族人、亲人所爱的小男孩，大大的双眼无辜地诉说着他不为人所爱的理由。

“很多人告诉我，因为你的父母做了不好的事，才会得了艾滋病死掉，这是真的吗？”

在马拉维这种事太多了，但也由于慧礼法师的慈悲，帮助了这些可怜的孩子，为他们开启一扇新门，让他们得到救赎。阿国已适应中心的生活，不再想回家，他说：“回家的路太长了，就算村里的人都说我会被中国人吃掉，我也心甘情愿。”

阿南

“儿童是未来的主人翁”，这句对台湾人来说似乎是顺理成章的话，但是到了马拉维却往往是令人心酸的代名词。

当年还是五岁的阿南（一九九九年出生），一双乌黑明亮的大眼睛，配上洁白的牙齿，外加一对可爱的小酒窝，真的是一个会令人非常疼爱的小男孩。当阿南的祖母得知自己的小孙子也有机会住进关怀中心时，心里多年来的重担终于放下了（阿南还有一个哥哥阿霆——一九九六年出生，也住在中心）。

然而任谁都想不到的是，中心的验血报告证实阿南竟然是艾滋病带原者。老祖母或许心里有数，她眼睁睁地看着自己的儿子及儿媳妇因艾滋而一命呜呼之时，唯一祈求的就是可爱的小孙子不要被感染，然而呈阳性反应的报告出炉时，无疑宣告了阿南将是一个没有未来的小男孩。

在马拉维，许多无辜小孩都像阿南一样，在尚未出世前，就注定要成为遭人唾弃的艾滋病带原者，人人避之如粪土（阿霆未感染）。当双亲不在之后，更是如被遗弃的废物，只能随风飘逝，无人爱怜。

关怀中心并没有因阿南的病而拒绝收留他，反而用加倍的爱心来照顾他。一方面得随时注意他的病情，一方面也得注意不能刻意照顾得太明显，以免引起其他院童的不平，更重要的是不能让他幼小的心灵蒙上阴影。

“要不要让他知道自己的病？”关怀中心有过衡量，看着阿南纯真的笑容，大家一致决议，就让他不知道吧！没有人知道他还能在这世上待上多少时日，但最起码在他有生之年可以让他多一些快乐总是好的！

万香

“我从未在铁皮屋下睡过觉，记忆中，家是永远会漏雨的地方。”万香（一九九三年出生），满头结满发辫的小女孩，告诉我她之前的生活惨状，常年没有衣服穿，没有固定的居所，衣服穿到发臭也没有人在乎，连舅舅都拒绝和她同桌吃饭，理由是：“他嫌我太臭了”。

尽管当时她才三四岁，但是这种屈辱已永烙在心。

“感谢上天让我能来到中心，因为住的地方不再漏水了！”笑容洋溢在她脸上。这样的愿望对一般人而言实在是微不足道，但是对万香来说，这可是大事一桩。中心是她的天堂，这里有她从未见过的电灯，她从不知道打开开关电灯就会亮，直说：“阿弥陀佛是一位很神奇的神！”看到她虔敬合掌的神情，真是令人感动。

阿图

当一个年幼的孩子因为肚子饿而号啕大哭时，亲人可以不理会他而自顾自地吃东西。也许是太贫穷了，大人都没得吃，更别提孩子了。

阿图（一九九九年出生），一个八岁的小男孩，父母在几年前双双过世，原本有父母照顾呵护，过着幸福快乐的日子，然而当父母一过世，亲人们就改变嘴脸，视他如敝屣。

“他们不再照顾我，我就像一只迷途的土狼。”他双手绞着衣角，伤心地说着。

对一个无法谋生的小孩子而言，生活是艰难的。“我外婆常常在我面前吃东西，却不分给我一点点食物，如果我因肚子饿而大哭，她就会用打老鼠的方式狠狠地打我。”

“我到底是不是人？”他呆滞的眼神中闪出晶莹的泪光，可是自从有机会来到阿弥陀佛关怀中心后，他的人生就完全改变了。

“我的爸妈复活了！”兴奋的语气中充满着无比的自信，原来在中心，他拥有了父母在世时的一切，每一天有免费的三餐及可口的点心。因此自从住进中心后，原本瘦小的身材，足足增加了十公斤。

“现在的生活比在村子里要好上一千倍！更重要的是我又找到了爸爸、妈妈！”他口中的爸爸就是慧礼法师，妈妈就是中心的保姆们。

功夫小子——阿鲁

阿鲁（一九九九年出生），八岁时开始学中国功夫，个子娇小、身手矫健的优势，必然能让他成为功夫教练的得意门生。

二〇〇六年圣诞假期结束，当返乡的院童都一一回院后，有一天阿鲁跑到医疗所就诊，因为被球踢到，下腹部有流血的现象。一再问明回家时发生的状况时，阿鲁才腼腆地道出，回家后因为阿公认定他已经成年了，所以就带他到小湖边去“割包皮”。

当时的阿鲁都还未满八岁呀，却因为在ACC的照顾下显得健康茁壮，因此让在村落里的阿公认定他已经是大人而行了“成年礼”！

阿鲁没有兄弟姐妹，是独子。但由于家里实在太穷，所以只好送他到中心去。家里用“一贫如洗”来形容，真是一点都不为过！

现在的阿鲁，除了会讲中文，更会中国功夫！他学会了“童子功”，每次出国的巡回演出，都少不了要秀出他的绝活。几年下来，还是不见阿鲁长高长胖一点，认识他的人都不禁要赞叹：不愧是练童子功的，妨如“八十犹如童子”呢！

万宜

最让大家心疼的一个女孩，就是万宜（一九九三年出生）。她有 HIV 而且已经到后期了，来到中心，我们很担心她会是第一个在 ACC 往生的小孩（依她的病况而言）。

发病时，双脚的肿胀和发脓，往往都是让人不忍目睹的！每每痛起来，她都睡不着。可是贴心的她，半夜里为了不吵醒大家，就这样一夜熬过一夜。整整一星期没睡好的她，终于忍不住来求助了！

有一回，慧礼法师恰巧坐在行政楼，一群有 HIV 的孩子正要去医院复诊，出发前让大家进行政楼来给和尚摸摸头“加持”一下！最后一个是万宜，当她想跪却因为脚肿跪不下来时，和尚将手停在她的头上许久，语重心长地告诉她：“你要比别人更勇敢地活下去！”旁人的眼眶莫不含着泪水！

很庆幸的是在 ACC 细心的照护下，现在的万宜虽然还是不断地被病魔缠身，但是只要不发病，她就一样可以开心快乐地跟着其他院童一起学习、唱歌、跳舞。

这样的生活可以说是她想都不敢想的！她从不敢冀望未来会怎么样，但她也悄悄地在心中许下一个愿：长大后我要像慧礼法师一样，也想当一个护士，照顾跟我一样生病的人！

舞台上耀眼的明星

非洲人的骨骼，比东方人硬许多，要练中国功夫得比一般人努力好几倍，然而非洲人非常喜欢中国功夫，李小龙是许多人心目中的偶像，但是真要学习中国功夫，就需要有吃苦耐劳的决心。

ACC 的发起人慧礼法师，在一个偶然的机会里，认识了来自中国大陆河南省塔讲武术学校的年轻学生，动了让孩子兴起学习中国功夫的念头，于是邀请了几名年轻人到 ACC，教孩子练习中国功夫。

也许因为年纪小，不懂苦，也或许是因为没有父母亲，孩子知道未来都得靠自己，所以尽管练中国功夫，每天必须花去两三个小时，辛苦地拉筋、抬腿、蹲马步，ACC 的孩子都甘之如饴。

担任孩子功夫教练最久的王战北，说起孩子练习中国功夫的情况，多次动容，他说：两年前刚到 ACC 时，当时小朋友的中文还不好，很多时候都是鸡同鸭讲，同样一个动作要重复做多次，院童才能依样画葫芦。但随着时间累积下来的默契，现在看到孩子一个动作、一个表情，大概都能猜到孩子们的状况。

小北发现，言语不通并不是问题，身体也是很好的沟通渠道。更重要的，是把院童当成自己的孩子来带，一切的问题也就不是问题。

然而练武其实非常辛苦，对不是从小学起的院童更是考验。小北八岁就进入武术学校，十多年来每天练功十多小时才累积了今日的身手，但 ACC 的小朋友不一样，目前习武最久的也才两年。每天扣除上学、上中文课、上早课的时间，练武只有两三个小时，说要上台表演，可还差一大截。但是才学习两年的孩子们，二〇〇八年即出团到马来西亚、香港、南非、中国台湾等地巡回演出，每一场演出都博得满堂彩，让观众惊艳。

小北不讳言，以表演的水平来说，孩子们有很大的成长空间，但是每次舞台上的成果，都让他惊讶。他细推原因，一方面是院童浑然天成的沉稳台风，一方面则是出团前集训的全然投入。

小北说：为了团训，很多小朋友抱病练习，硬撑着不让他知道，像阿岫就曾在练习中发烧昏倒，阿鲁也曾在练童子功时痛到数度落泪。小北说：马拉维的孩子认真起来时让他自己都自叹弗如。当他们贴心时，又让人疼到心坎。有时候小北心情不好，贴心的院童会主动找他说话、逗他开心，生活上的点点滴滴，造就了小北在马拉维割舍不下的甜蜜负担。

二〇〇八年，ACC 成立才两年多，孩子的成长却很像被压缩般地迅速。像是为了弥补流浪时期的欠缺和所受的苦，孩子们如海绵般吸收来自保姆和老师们的爱。不管是身心成长，或学习功课、中文学习，及中国功夫的学习，都让工作人员感到无比欣慰。

关怀中心从发起人到院长和执行长、工程团队、义工、中文教师，都来自台湾，包括孤儿的认养、院舍的建筑赞助，也都来自台湾。台北县三峡镇的建安“国小”，也和 ACC 的圆通小学缔结了姐妹校。因此，孩子们对台湾有深厚的感激和感情，台湾，是他们心中的另一个家，那里有他们没有见过面的助养父母，有他们未曾谋面的兄弟姐妹。

怀着这份浓重的感激心情，二〇〇八年的八月，三十五名大孩子，在 ACC 发起人慧礼法师的带领之下，回到台湾做感恩之旅的巡回演出，到各地和助养父母见面，用他们学习的非洲传统歌舞和中国功夫，呈现他们的成长，来感谢助养父母。

这名为“莽原佛种、感恩之旅”的行程，让台湾助养父母们备感欣慰，那些舞台上耀眼、自信、腼腆、可爱、天真的黑小孩，和当初他们收到的助养卡相片上的小孩相去甚远。他们知道自己一个月交的五百元，真的成就了一个生命和一个希望。

从街头流浪的无助孤儿，到舞台上耀眼的自信，这群孩子让人刮目相看，知道只要衣食无缺、有教育、有爱，不管什么样肤色种族的孩子，都会成为灿烂的钻石。

每次演出前的彩排，慧礼法师总会坐在观众席上，远远地看着台上的孩子。那个孤单的背影，常让站在他背后远观的支持者有一种无言的感动。

他是一个腼腆、沉默的出家人，不善言语，不善宣传，更不善于辩解，任凭各种揣测、是非漫天飞舞，他的眼里都只有孤儿。即便总是孑然一身，这个孩子心目中的“和尚爸爸”，始终不放弃“给孩子一个家”的坚持。十九年的非洲行脚，从寺院到荒野，他真的成了“老和尚”，头上冒出来的短发全是银白的色泽。让他不悔坚持的，就只是一份信念，一份单纯的对非洲孤儿的爱。

他最大的希望是孩子们的未来有了着落，可以不再需要奔波“乞讨”，有人可以接续他给孩子们教育和爱的工作，然后他可以回到孤儿院，回到田野，回到孩子身边，陪伴孩子长大，当个没有人认识的出家僧人就好。

二〇〇九年，孩子们再度应邀到中国香港、马来西亚、中国上海、中国台湾，用他们的歌声、舞台剧和中国功夫，自信地让大家看见他们，告诉大家：在遥远非洲的马拉维有一个ACC，有一个由世界各地的爱心聚集而绽放的花朵，接着会在非洲其他国家绽放，给予更多的孤儿，看得见的未来，看得见的希望！

第十篇

待完成的非洲梦

二〇〇六年，津巴布韦关怀中心动工，二〇〇八年斯威士兰、莱索托关怀中心陆续动工，他的目标是在每个非洲国家收养、教育两千名孤儿，因为只有教育，才能真正解决非洲的贫困。

他的非洲梦在一个国家一个国家播种，从青丝到白头，将近二十年的岁月，不善言语、不善宣传的慧礼法师，像个埋头种树的人，只为将荒漠种成蓊郁树林，让汩汩的河流涓涓流动，让非洲孤儿不再流浪，让泪水不再奔流……

马拉维ACC就这样在众人的成就下，一步一个脚印地奠立了在非洲建设“阿弥陀佛关怀中心”的基础，但慧礼法师的目标是：非洲五十三个国家，每个国家都能够有一个关怀中心，一个关怀中心培养两千个孩子，这样非洲才会真的有希望。

因此，一个ACC离慧礼法师的目标还是太遥远，仿如只是荒漠中一棵小小的嫩芽而已。尤其孩子的成长速度快，现在ACC的院童也面临了“上高中”的就学问题，除了三餐，“教育”才是根本大业。面临院童就学的需求，学校的建设和成立刻不容缓，所以圆通小学和圆通中学的建设也跟在孤儿房建设后面紧追着。

马拉维ACC经营模式的成果，鼓舞了每个经历过关怀中心的人，慧礼法师经过漫长的耕耘，终于看见了可以期待的未来。于是，他将马拉维ACC的经营管理模式，复制到非洲其他的国家。二〇〇五年津巴布韦ACC在首都哈拉雷动土，二〇〇九年完成了第一期工程，正准备接收第一批孤儿进住。

津巴布韦位于非洲东南部，是一个内陆国家。东邻莫桑比克，南接南非，西和西北与博茨瓦纳、赞比亚相连。大部分是高原地形，平均海拔一千余米。津巴布韦原是英属国家殖民地，一九八〇年举行了该国有史以来的第一次民主选举，国家政权顺利转移到黑人政府，一九八〇年四月十八日津巴布韦共和国正式独立建国。

虽然津巴布韦的国政已经转移到了黑人族裔的手上，但是

祝福语：轻当矫之以重，浮当矫之以实，褊当矫之以宽，躁急当矫之以和缓，刚暴当矫之以温柔，浅露当矫之以沉潜，溪刻当矫之以浑厚。

穆加贝总统通过暴力将欧裔的土地没收。二十世纪末期，动摇经济，许多基础民生需求匮乏。二〇〇〇年开始，津巴布韦政府以白人所持有之土地系在殖民时代从黑人原住民手中非法取得为理由，进行土地改革，强制没收大部分白人拥有的土地。此举造成境内大量白种农人出走，经济陷入混乱。

二〇〇二年，穆加贝获得连任。反对党与劳工组织纷纷发动罢工与抗争，要求穆加贝提早下台退休，而政府则以军警部队镇压。国际货币基金组织（IMF）为首的资金援助债权国，控告穆加贝政权藐视人权与在大选中舞弊，纷纷搁置援助计划。而英联邦则在二〇〇二年时宣布对津巴布韦停权一年处分，津巴布韦则于不久之后主动退出该协会作为响应。

由于长期积欠外债，政府又不愿意实施经济上的稳定措施，使得 IMF 暂停了对津巴布韦的经济援助，而该国政府则以大量印制新钞来填补财政上的赤字作为响应，却导致严重的通货膨胀与币值急贬。

二〇〇八年二月，通货膨胀率达 165000%；二〇〇八年六月，通货膨胀率达 200000%，该国央行并于二〇〇八年七月二十一日发行面值 1000 亿元的津巴布韦元钞票。

津巴布韦从二〇〇八年八月一日起货币改制，100 亿旧津巴布韦元相当于 1 新津巴布韦元。二〇〇九年通货膨胀高达 231000000%，津巴布韦政府发行一套世界上最大面额的新钞，这套面额在万亿以上的新钞包括 10 万亿、20 万亿、50 万亿和 100 万亿津元四种。买一个面包以亿万元计，因此当地人自嘲是“饥饿的亿万富翁”。

数据里的记载，远不及张毓桂老师所记录的津巴布韦经验深刻。张毓桂老师一行人在二〇〇八年三月，津巴布韦总统大选前到津巴布韦了解当地 ACC 现况，她在日记中记录着：

1. 二〇〇八年三月二十九日，今天，一美元兑换四千二百万津巴布韦币（转帐的汇率），一美元兑换三千万津巴布韦币（现金的汇率）。

2. 物价：一颗蛋一千万津巴布韦币；两颗高丽菜二亿三千万津巴布韦币；一条土司二亿；牛奶五百克一亿；一公斤肥皂七亿；西红柿一公斤二亿五千万；玉米粉十公斤二十亿。在津巴布韦人人称得上亿万富翁，却只能享有、不能拥有。

3. 津巴布韦目前全国识字率高达98%，教育普及率是全非洲最高的。

4. 去了津巴布韦才知道马拉维是天堂，深刻体会到“比上不足比下有余”的真意。

5. 从马拉维开车到津巴布韦，一路上层层关卡，真是印证了“要从此路过，留下买路财”的个中真意。

津巴布韦人民由于艾滋病的泛滥（百分之十五点三）和蔓延，预期平均年龄仅四十九岁，全国总人口数一千两百三十八万中，孤儿占了十分之一，有一百二十几万名孤儿。津巴布韦ACC的孤儿院的房间一栋有五个房间，一间可住四个人，每一间都有自己的置物柜和衣橱，每栋有两间浴室、两间厕所，客厅有一个壁炉和厨房。第一期完成的孤儿房，预计可以收养六十到八十名孤儿。

另外，二〇〇八年十月，莱索托ACC及斯威士兰ACC接续动工，莱索托ACC位于Mafeteng（马腾飞），斯威士兰ACC则位于Nhlangano（恩赫兰加诺）。莱索托ACC在经过一年的施工作业之后，第一期工程已完成，准备进行孤儿的进住收容。

面积仅30,355平方公里的莱索托，三分之二的国土都是高山和光秃秃的高原，是非洲中的袖珍小国，四周被南非共和国环绕。

莱索托也是世界上最贫穷的国家之一，除了少数的成衣加工厂之外，几乎没有什么工业可言。国境内的可耕种面积仅有八分之一，其最大的资源是廉价的人力。长久以来莱索托的成年男人几乎都是在南非从事采金矿或煤矿的工作。

观光业是莱索托另一项主要外汇收入的来源，主要的观光客以南非人为主，大多数都是被设立于莱索托首都马塞卢的赌场所吸引。

莱索托人口约一百八十万人，十五至四十九岁的艾滋感染率约占百分之二十三点二，约二十七万人感染艾滋病，平均寿命是男人四十一点一八岁、女人三十九点五四岁。孤儿人口数有十八万，其中有十万是艾滋遗孤，占孤儿总数的百分之五十五。

斯威士兰是位于非洲南部的一个内陆小国，是南非地区最小的国家，约为中国台湾面积的二分之一，西邻南非，东接莫桑比克。人口数约一百三十二万（二〇〇五年七月），斯威士兰族占百分之九十，其余为欧非混血种人。斯国的自然资源虽比其他非洲地区丰裕，但却是世界上最贫穷的国家之一。

相较于非洲其他国家，斯威士兰的民族性较为谦恭与平和。但长久以来，根据统计，人口数不到一百万的斯国，约有40% 的人口感染艾滋病毒，因而平均寿命下降至 28.7 岁，每四个斯威士兰人中，仅一人可活到四十岁，该国的艾滋病毒感染率居世界之冠（百分之四十四点二），孤儿人口超过十万人。

营运中的马拉维 ACC 和建设中的津巴布韦、莱索托、斯威士兰 ACC，都只是慧礼法师理想中的一个小小起步。除了孤儿房的建设，让孤儿有身心安顿的地方是实时的需求之外，ACC 坚持给予院童的除了教育（包括知识和生活、品德）还是教育，唯有透过教育才能改善未来的生活，孤儿的未来也才能有希望，因此学校的创办和孤儿院房舍的建设是同步、也是同等的需要。过去是这样，现在是这样，未来还是一样。

未来的路还很漫长，慧礼法师期待更多的爱，共同来完成这“给孩子一个家”的梦想！

结语

他说："上帝无法照顾每一个人，就送给每一个人一个妈妈。我要送给非洲每个孤儿内心深处一个爸爸妈妈，让他们感受到没有被遗弃。"

不在乎谁记得他，他只要人们看见ACC孩子脸上的自信和笑容，那是他真正的目的和期望。

认识慧礼法师十几年了，除了赞叹他的大愿大行，始终未能为他的非洲志业帮上些什么。一个人的故事或许会让人有某些时期短暂的感动，但要让人感动十九年，那真是困难的事。毕竟，人性多么脆弱，人心又是如此善变。

因为认识很久了，我有些冒昧地说想整理他过去的手稿数据，用人的角度、人的位置，用我将近二十年的认识和感动来整理，把那神圣的宗教信仰光环拿掉，让人看见他的故事，不是为了他，而是为了百万非洲孤儿。平易温和的他同意了。

整理的过程，几度无言。笔拙的我，很难透过文字去想象他在非洲行脚的艰险和困难。在没有后盾支持，又充满是非耳语的情况之下，他竟然一点都没有退缩。在他二〇〇五年的手稿中写着：“上帝无法照顾每一个人，就送给每一个人一个妈妈。我要送给非洲每个孤儿内心深处一个爸爸和妈妈，让他们感受到没有被遗弃。”二〇〇九年八月，他单独坐在舞台下观看孩子们的彩排，我站在远处，看着孩子们见到他时的尊敬、信任、亲近、拥抱，才知道，那是他看不见、听不见所有困难和质疑的力量来源。

非洲，对身处东方的我们来说，是个遥远陌生的大陆，但对慧礼法师来说，却是近在咫尺。一年中，为了孩子们身心安住的需求，他总要来回非洲和亚洲无数次。

他像十几年前一本名为《种树的男人》书中的主角一般，每天沉默地在荒漠中种树，别人笑他傻，他只坚定地相信他种的树有一天会为干裂的土地带来汩汩甘泉。二十年后，当人们莅临那块流着清泉，茂密蓊郁的树林时，谁都不记得那个当初被讥笑的种树的男人。

而慧礼法师也同样相信，二十年后，在 ACC 长大的孩子，会为黑暗的非洲点亮一片光明，他不在乎谁记得他，他只要人们看见ACC孩子脸上的自信和笑容，那才是他真正的目的和期望。

****

二十世纪七十年代的童年时期，因为家贫及人口众多，就学读书是一件奢侈的幸福，没有受教育又单纯的父母亲，无力支付我们兄弟姐妹“国中”毕业以后的学业费用。他们觉得，十六岁“国中”毕业已经是大人了，因此想继续升学的孩子都得自立更生。

对读书没有兴趣的大姊小学毕业时十三岁，就不再上学了，到工厂当作业员。大哥为了帮忙家计，“国中”毕业后，十六岁就离开了家，从事工地的土木工程学徒工作。想继续升学的二姐在仁爱之家的申请补助下读完了高中。而我，则是透过基督教芥菜种会，有了一位来自美国的年轻女钢琴师赞助，每个月赞助多少钱不清楚，但我的高中学业因此得到了支持，顺利完成。弟弟妹妹则是自己半工半读完成了高中的学习。

被赞助的高中时期，每一年都会收到赞助人来信，告诉

祝福语：人生最不幸处，是偶一失言，而祸不及；偶一失谋，而事幸成；偶一恣行，而获小利。后乃视为故常，而恬不以为意。则莫大之患，由此生矣。

我她在做些什么，分享她生活和工作的心情，鼓励我好好读书，未来才能完成梦想。一直到我高中毕业，除了每年定期或不定期的书信往来，我都没有机会见过我的赞助人，只知道她在美国，是一位钢琴师。高中毕业后即失去了联系，但我心里始终记得那个文字温柔、充满爱心的赞助人，即至现今，年届中年，我仍常想起她，对她充满感恩和祝福，并且随时为她祝祷。

也许因为自己曾经被助学的原因，当我开始工作有了收入以后，我也开始通过组织，认养海外失学的孩子或孤儿，把当年收到的爱，回馈给这个世界。

这样的循环让我对生命充满感恩，因为知道所有的存在都不是单独的，都是整体的联结。远在地球此端的一份心意，会在地球的彼端开花结果，甚至代代传承。谁都不知道，我们在这里播下的种子，那少少的，每个月五百元的付出，未来会在哪个地方，开成整片的花园，庄严我们所在的这个世界。

书末，慧礼法师特别叮咛交代：不要写他是创办人，写他是阿弥陀佛关怀中心“发起人”就好。他说：因为阿弥陀佛关怀中心是所有工作人员、义工、赞助人、助养人，以及十方大众爱心的聚集，他只是一个平台，一个发起人而已，未来ACC是人类所共有的，一个让爱流动、开花结果的地方。

中国古代有个愚公移山的故事，世人皆笑他傻，然愚公移山的精神和毅力，却是历史上难得一见的情操，这个非洲孤儿的和尚爸爸——慧礼法师，一个现代愚公，他的故事，值得让您看见，也值得让您与他一起来点亮这盏明灯，让爱的能量流动。

备注：本书版税，全数捐赠“财团法人普贤教育基金会”！

* * *

欲赞助ACC建筑经费或助养非洲孤儿，及义工前往办法，请洽阿弥陀佛ACC各地联络处，ACC各地联络处如下：

亚洲

台湾：社团法人“中华民国”圆通人文关怀协会

台北市内湖区行爱路77巷20号

TEL：+886（02）2791-3398

FAX：+886（02）2791-3677

财团法人普贤教育基金会

台北市内湖区行爱路 77 巷 26 号

TEL：+ 886（02）2791–3398 分机 128

FAX：+ 886（02）2791–3677

香港：香港北角和富贵 8 号嘉洋大厦 1 楼 A 室

TEL：+ 852–27188088

FAX：+ 852–27188088

马来西亚：大慈之家

PERSATU ANAK–ANAK YATIM EDUWIS SELANGOR 82 & 84, JALAN AMAN PERDANA 1D/ KU5, TAMAN AMAN PERDANA, 41050 KLANG, SELANGOR, MALAYSIA.

TEL：+ 603–32901839

FAX：+ 603–32902104

非洲

南非：阿弥陀佛关怀协会

Amitofo Charity Association（South Africa）

P.O BOX 1236 Bronkhorstspruit 1020 South Africa

TEL：+ 27-13-9310131

FAX：+ 27-13-9310128

E-mail：amitofosa@penta-net.co.za

马拉维：阿弥陀佛关怀中心布兰太尔分部

Amitofo Care Centre-Blantyre Branch

MP158 Mapanga Blantyre Malawi

POBOX 51700 Limbe，Blantyre Malawi

手机：+ 265-888-202099 及+ 265-999-932038

E-mail：amitofo@malawi.net

图书在版编目(CIP)数据

行脚非洲的和尚爸爸 / 张融琳 著. —北京:东方出版社,2014. 9
ISBN 978-7-5060-7756-9

Ⅰ. ①行… Ⅱ. ①张… Ⅲ. ①慧礼法师-传记 Ⅳ. ①B949. 92

中国版本图书馆 CIP 数据核字(2014)第 214542 号

行脚非洲的和尚爸爸
(XINGJIAO FEIZHOU DE HESHANG BABA)

作　　者: 张融琳
产品经理: 王慧敏
责任编辑: 王慧敏　刘晓立
出　　版: 东方出版社
发　　行: 人民东方出版传媒有限公司
地　　址: 北京市东城区朝阳门内大街 166 号
邮政编码: 100706
印　　刷: 三河市腾飞印务有限公司
版　　次: 2015 年 1 月第 1 版
印　　次: 2019 年 5 月第 3 次印刷
开　　本: 880 毫米×1230 毫米　1/32
印　　张: 5. 5
字　　数: 86 千字
书　　号: ISBN 978-7-5060-7756-9
定　　价: 28. 00 元